【乡村振兴南粤样板系列】

乡村振兴 看 凤池

赵艳丽 黄梦灵 程虹 李翠贞 陈红 著

暨南大学出版社
JINAN UNIVERSITY PRESS

中国·广州

图书在版编目（CIP）数据

乡村振兴看凤池/赵艳丽，黄梦灵，程虹，李翠贞，陈红著 . —广州：暨南
大学出版社，2019.12
（乡村振兴南粤样板系列）
ISBN 978 - 7 - 5668 - 2744 - 9

Ⅰ.①乡…　Ⅱ.①赵…②黄…③程…④李…⑤陈…　Ⅲ.①农村—社会
主义建设—概况—南海区　Ⅳ.①F327.654

中国版本图书馆 CIP 数据核字（2019）第 220515 号

乡村振兴看凤池
XIANGCUN ZHENXING KAN FENGCHI
著　者：赵艳丽　黄梦灵　程　虹　李翠贞　陈　红

出 版 人：徐义雄
策划编辑：晏礼庆
责任编辑：周玉宏　周海燕
责任校对：孙劭贤
责任印制：汤慧君　周一丹

出版发行：暨南大学出版社（510630）
电　　话：总编室（8620）85221601
　　　　　营销部（8620）85225284　85228291　85228292（邮购）
传　　真：（8620）85221583（办公室）　85223774（营销部）
网　　址：http：//www.jnupress.com
排　　版：广州市天河星辰文化发展部照排中心
印　　刷：深圳市新联美术印刷有限公司
开　　本：787mm×960mm　1/16
印　　张：15.25
字　　数：168 千
版　　次：2019 年 12 月第 1 版
印　　次：2019 年 12 月第 1 次
定　　价：78.00 元

序

在凤池找到乡村振兴的"中国样本"

李伟权①

在党的十九大报告中,习近平总书记首次提出了"实施乡村振兴战略",全面擘画了中国乡村发展的美好未来。十九大报告对乡村振兴战略提出了"产业兴旺、生态宜居、乡风文明、治理有效、生活富裕"的20字总要求,成为激荡在广袤乡土大地上最为动人的梦想,也成为回旋在每个农民心中最为深切的期盼。

乡村振兴战略吹响了新时代农村发展的号角,《中共中央国务院关于实施乡村振兴战略的意见》《乡村振兴战略规划(2018—2022年)》先后出台,省市的实施方案紧紧跟进,明确了乡村振兴的时间表、路线图。佛山市南海区出台了乡村振兴"1+6+X"系列政策文件,按照"3年取得重大进展、5年见到显著成效、10年实现根本转变"的要求,从产业振兴、人才振兴、文化振兴、生态振兴、组织振兴、治理有效6大方面着手,对标对表,联系实际,全面实施乡村振兴战略。

---

① 暨南大学公共管理学院副院长。

如今，乡村振兴战略深入人心、落地生根，乡村振兴事业也在全国各地如火如荼地开展。许多地方在建设美丽乡村、实现乡村振兴的过程中，进行了大量探索，也取得了一些成就，涌现出一批典型代表和成功案例，走出了各具特色的乡村振兴之路。

本书以广东省佛山市南海区大沥镇凤池社区为样本研究珠三角的乡村振兴路径。作者以新闻从业者的敏锐触觉和反思精神，通过一系列娓娓动听的小故事，引导读者在感受凤池故事的同时，也跳出故事本身去思考乡村振兴这一宏大命题。全书语言平实，时间虽跨越四五十年，但结构形散神聚——一个个貌似独立的小故事的背后，实质是大沥凤池实施乡村振兴的深刻探索。

总结凤池乡村振兴的经验，以产业振兴带动乡村振兴，是其中非常重要的亮点。可以说，在产业振兴的道路上，广东看佛山，佛山看南海，而南海看凤池。作为珠三角较发达的村居，凤池走出了一条独特的产业振兴道路。凤池的模式，在很大意义上能够代表广东省比较独特的乡村振兴发展道路，也为全国农村实施乡村振兴战略提供了样本，对其他地区乡村振兴实践具有一定的参考意义。

在本书中，你可以看到以产业振兴为核心的"凤池模式"的六条发展道路：

第一，城乡融合。以高强度城乡融合为发展特色，实现城市化。作为影响城乡协调发展的障碍，城乡二元结构制约着城乡要素收益合理且平等交换，凤池正是破除了这种结构，实抓城乡二元协同发展，这在乡村发展中具有重要的代表性。同时，凤池还以集体经济形式进行工业化、商贸化发展，实现了"城中有村，村中有城"的城乡高度融合，进而加快了凤池农业现代化进步与现代生产方式及信息技术相结合的农村第一、二、三产业融合发展进程。

第二，产业振兴。以产业为本作为推动乡村振兴之路。凤池很早就进行产业集约化发展，选择适合自己的产业发展路径，通过大力发展铝材与装饰材料市场两大支柱产业，有效夯实产业基础。如今，这个令人惊叹不已的"西洋菜村"，不仅能为当地老百姓带来可观经济收益，还串联起了该村第一、二、三产业互动。2018年率先实现凤池社区两级纯收入1.5亿元，股民人均分红3.2万元，成功走在南海村居前列。

第三，组织建设。以党建引领为中心的强村之路。凤池在社区管理上进行创新，推动基层党组织和经济组织的建设，形成公开透明的决策和反馈机制，构建起全民参与的治理系统。强调党组织的核心领导作用，以社会主义核心价值观为引领，坚持教育引导、实践养成以及制度保障三管齐下，通过经济组织搞活经济，振兴产业，富裕居民；以自治组织及其他社会组织进行自我管理、自我教育、自我服务，从而形成完善的制度机制，实现强村之路。

第四，文化为根。以传统文化为根基弘扬主旋律，焕发乡村文明新气象。凤池深知乡村振兴不仅要"塑形"还要懂得"铸魂"，良好的乡村文化氛围体现一个村的整体发展状况，也体现着一个村的人文精神。凤池在保持特有的岭南传统风情之余，作为与大沥镇中心城区紧密相连的村居，不断汲取城市文明及外来优秀成果，一方面打造乡村振兴馆，用以展示凤池在产业、人文、生态以及组织的创新性探索精神，不断激励着凤池人不忘初心，砥砺前行；同时也作为新时代文明实践站，以乡村振兴馆为核心，集理论宣讲、教育、文体、信息服务、交流展示多功能于一身，积极面向各地朋友零距离进行文化交流。

第五，生态规划。秉"49%精力搞发展，51%精力搞社会建设"理念，探索"五美"振兴发展之路。2017年，有着先天环境基础的凤池被选为当地生态文明村居建设的示范点之一，通过将凤东、凤西两个公园连接在一起，打造了大公园格局，让居民能够"出门见公园"。凤池还对承载本土民俗的物质文化遗产如曹氏大宗祠等古建筑进行修缮和保护，而这些社区中的各项公共场所采用的大都是铝制材料，更是凸显了生态规划中产业发展的特点。与此同时，被称为"网红打卡点"之一的凤池花景，是凤池把美丽文明村居建设与大沥镇"花满沥城"相结合的规划巧举。凤池在天然独有的自然优势中，探索出一条集生态"秀美"、人文"醇美"、村貌"洁美"、经济"富美"以及生活"和美"的"五美"振兴发展之路。

第六，人才驱动。吸引优秀外来人才，盘活社区人才队伍建设。"乡村振兴，关键在人"，凤池将习近平总书记所强调的"推进乡村人才振兴放在人力资本开放的首要位置"，"人留得安心，人更有信心"，"形成人才、土地、资金、产业汇聚的良性循环"等人才战略理念视为发展的第一要义。为了夯实社区人才队伍，凤池以超前视野配备教育设施，还在南海率先试水，实施公开招聘工作人员、社区干部学历提升计划等，为社区持续地解决人才难题。

在本书中，你还可以看到乡村振兴五位一体融合发展的路径：

乡村振兴需要处理几个重要的关系，第一是农民、政府与企业之间发展主体的关系；第二是农村与城市之间的关系；第三是政府与市场的关系；第四是乡村振兴表象与实质内涵的关系；第五是本地人口与外地人口共同发展的关系；第六是短期效益与长期发展之间的关系。对于凤池模式来讲，乡村振兴实现了多个有效融合，从而独具特色。

（1）农村与城市双向发展规划路径融合。

作为乡村振兴的典范，凤池最重要的特点是实现了乡村的城市化，而后又实现了城市的乡村化。两条发展路径代表了农村发展的两个阶段，也代表了两种发展思想。早期，凤池通过工业化道路不断地实现乡村城市化，全面向城市的生活模式靠拢；当城市化基本形成之后，又着重进行乡村的村容村貌建设，恢复乡村传统文化，从而形成了双向发展的融合路径。

（2）政府主导与市场优先双重竞态融合。

许多地方，乡村振兴的关键在于政府，过度依赖政府的政策支持。但在凤池，政府主导与市场优先双重竞态发展才是关键。凤池在发展产业路径选择上，很早就认识到农业是弱质性产业，一直以来农业在市场经济中皆处于不利地位。凤池认识到，只有产业转型，放弃部分农业，走上工业发展的道路，按市场规则办事，注重产业发展，才是最终振兴之路。

（3）乡村风貌与城市治理发展有机融合。

乡村振兴的一个重要标志就是村容村貌的重大改变，凤池人在生态意识上突显了城中村的城市规划理念，注重公园建设与院落建设统一，形成了村中有城、城中有村的有机融合。凤池是城市化的一个重要样本，同时，在城市化之后，凤池再来打造乡村风貌，形成了良好的宜居环境。

（4）本地居民与外来人口参与融合。

由于独特的经济发展道路，外来人口成为经济增长的重要动力，作为发达地区，凤池引进的工业必须依靠外来人口，凤池的社会治理也必须考虑到外来人口。本地居民与外来人口的融合就成为凤池发展的关键。这一点凤池一直没有忽视，从开放公厕到社区慈善会，再到目前大大小小的公共服务，凤池大门一直向外来人口敞开。

（5）短期利益与长期规划兼顾融合。

事实上，凤池乡村振兴更重要的是，利用各种条件进行全面的农村综合改革，提高农村经济实力，走产业振兴之路。而在这个过程中，凤池非常注重短期利益与长期规划，在经济发展、利益分配机制、人才发展等方面兼顾融合，从而获得更好的发展。

在这本书里我们可以看到，凤池作为珠三角乡村振兴的特色代表，在中国乡村振兴发展之路上具有独特性，基本实现了产业兴旺、生态宜居、乡风文明、治理有效、生活富裕这五个方面振兴要求。在社会治理上又突显协同治理与整体性治理的特征，真正实现了共建共治共享的社会治理模式，也实现了中国乡村振兴的最高要求。

乡村振兴之路究竟要怎么走？在我们960万平方千米的土地上，没有一个统一的标准答案，大沥镇凤池社区的发展之路，可以说为我们提供了一种思路、一个样本，它所探索出的这些经验，或许可以为在振兴路上彷徨的一些村居带来启发。

2019 年 10 月

目 录
Contents

第一章　产业振兴：可持续富裕的秘密

产业振兴是乡村振兴的根本，也是乡村振兴的动力源。产业兴，乡村才能振兴。产业振兴了，乡村才更能留住人才，也更好推动文化振兴、优化生态环境。凤池便是一个以"产业振兴带动乡村振兴"的极好的样本。

在"大锅饭"时代，凤池人便不甘于困在土地上，而是想办法去广州拉来小手工作业，办一些集体的加工厂补贴收入；改革开放之后，他们不辞劳苦，起早贪黑，以"两菜一袋"在贫土地上念出致富经；而后的工业化大潮中，凤池更是诞育了凤铝、坚美两家响当当的铝企龙头；把握专业市场发展的商机，他们还建设了名扬广佛的凤池装饰材料市场；在"互联网＋"时代来临之际，他们推动第二、三产业实现更深的融合，使凤池成为全国全铝家居行业的发源地……

有了自成品牌的特色产业，就像有了一只"下金蛋"的鸡，凤池的经济收入年年攀升。2018年，凤池社区两级纯收入1.5亿元，股民人均分红3.2万元。

那么，这只"下金蛋"的鸡，是怎么养出来的？

第一节　"贫土地"念出致富经

如今的人们，回忆起 20 世纪 80 年代，总喜欢用"春天"来形容。没错，那是一个"破冰"的年代。从一无所有到万物萌发，逐渐放开的市场空间和环境，为人们打开了奋斗致富的大门。凤池人也是在这样的大环境里，以敏锐的嗅觉和勤劳能干的精神，掘到了人生的"第一桶金"。

图 1-1　二三十年前的凤池，工厂越来越多

地少人多　凤池靠什么翻盘?

1979 年

那是一个春天

有一位老人在中国的南海边画了一个圈

…… ……

这位老人就是邓小平，这个圈圈住了广东省的深圳、珠海、汕头三市和福建省厦门市，大江大河，潮起潮落，改革开放的大幕从这里拉开。

而实际上那一年，除了一大片在建的工地外，深圳还依旧保存着传统小渔村的淳朴，当时的农民每天工分有 0.7 元，就连最有名气的罗芳村，老百姓一年收入也仅仅为 134 元。街上还基本没有汽车的影子，多的是戴着草帽骑着自行车的人。不过，深圳街头也出现了有钱人的身影，他们有的是改革开放后的第一批游客，有的是嗅觉敏锐的外国商人，更有来这里寻觅商机的香港人。

而与之距离 120 千米外的南海凤池，比深圳农村的情况还要好一些。曾经在凤池做过多年会计的 75 岁的曹炳添回忆说，那时候凤池的耕地人均不足一亩，但是农民一天的工分也有 0.8 元，最好的一年还达到 1.5 元，每人每月的口粮能有 50 斤稻谷。虽然地少人多，但是日子比很多村好过，守着"贫土地"的凤池，是如何实现翻盘的?

从农村的资质来说，凤池并无什么天然优势，甚至在坊间还有一个传闻："有女不嫁凤池!"但是凤池人向来不认命，也从来不会"看天吃饭"。地少人多怎么办?那就另寻致富门路!凤池人骨子里就有股"闯"劲儿。

曾任西边经济社社长的陈松安，还清楚地记得当时的情况。在 20 世纪 60 年代时，西边村是没有什么产业的，生产队会安排村民养鸭养鸡，队里的供销员则找各种门路销售，远的还会出售到香港、广州，有时也到本地食品站卖，增加集体的收入。

1965 年开始，西边村搞了一座红砖厂，是队里的集体企业，规模很小门槛也不高，由村里派工人去做，然后给他们记工分。"烧砖的技术含量很低，只要有耐心很快就能学会，经济效益也还过得去。"

村里还有多余的劳动力的话，集体会派他们去广州的化肥厂干活，工钱归集体，然后给村民记工分，还会给他们生活费、烟钱，"因为好歹能有一点钱拿，那时大家都喜欢去"。

凤池人还会利用一切资源，来发展自己的工副业。那时候各村都有供销员，为了给村里接到活儿，凤池的供销员格外卖力，凤西的曹以力就是其中一个。

由于凤池靠近广州，曹以力就经常往广州跑。"那时候供销员喜欢找大单位的采购员，但是人家是不怎么理睬一个村的采购员的，那怎么办？就软磨硬泡呗。"曹以力们就凭着这种精神，不断地给凤池拉回了业务。

剥花生、收头发、割胶鞋……这些手工活琐碎但不复杂，凤池人拿下来后就认认真真地干好，也换来一些额外的收入。因为搭上广州五矿出口公司这条线，凤池有了持续的销售渠道，粮油、蔬菜、头发……只要能做的都去做。

再后来，了解到广州南方大厦需要租仓库作为货物的一个中转站，凤池就想方设法拿下这个合作，从此凤池便成为南方大厦的仓库。之后凤池人发现，那时候很多货物用麻包袋包装，包装之后麻包袋并没有坏，有的脏了，有的破损了，洗干净补好还可以继续用，于是他们又接下洗补麻包袋的业务。

虽然都是一些琐碎的业务，甚至没有正式的厂房，但凭着"跬步千里"的韧劲，凤池人还是过上了不错的生活。曾经做过凤池支部书记的梁焕松回忆道："那时候周边的村，每月每人的口粮大多是35斤，而凤池能达到50斤，每天每工分能计0.8元，最好的一年有1.5元，村民虽然辛苦一点，日子还是过得去的。"

村干部欧阳宝崧的姑丈在香港，当他姑丈想回来投资办厂的时候，凤池就用这层亲戚关系，积极将其引了进来，创办了健美制衣厂，以"三来一补"的形式生产内衣，为村里解决了不少人的就业问题。"那时候村里人在外面上班的话，就给集体交70块钱补回自己的工分，剩下的归自己。"陈松安说。

▌家庭联产承包 干还是不干？

1978年，种种迹象的发生，让人们敏感地捕捉到，气候真是要变了！对新制度和新时代的呼唤，已在全国各地跃跃欲试。这一年，在千里之外的安徽凤阳，发生了一件影响全国的大事。

事发于1978年11月24日，那一年，凤阳小岗村大旱歉收，29岁的严宏昌领着17位农民，签下生死状："我们分田到户，每户户主签字盖章，如以后能干，每户保证完成每户的全年上交和公粮。不在（再）向国家伸手要钱要粮。如不成，我们干部作（坐）牢剁（杀）头也干（甘）心，大家社员也保证把我们的小孩养活到十八岁。"当这 18 个农民在"大包干"的契约上摁下鲜红的指印时，就拉开了中国农村改革分田到户的序幕。

1982 年，家庭联产承包责任制开始在南海推行。这一年 12 月，时任南海县委书记梁广大，带领县委工作组到凤池发动群众分田到户，搞家庭联产承包责任制。选择凤池作为南海分田到户的试点村，是因为此前在镇里开会时，凤池的干部讲过分田到户的好处，也表现出对此的积极性。

但实际上，群众思想的转变并没有那么快。据时任凤池党支部书记邵满华回忆，当时梁广大一离开凤池，凤池的群众就跑来把村委会围了个严严实实。"分了田，还是社会主义吗？""我们都在大队上干习惯了，自己干的话干不好怎么办？"因为在吃大锅饭的时代，"干多干少一个样，干好干坏也一个样"，加上凤池村民的日子过得还行，大家担心分田后日子还没原来好，所以一时就转不过弯来。

邵满华回忆说，恰好那一年的 9 月，凤池村委组织去广西桂林旅游学习，看到当地的家庭联产承包责任制搞得不错，所以他就带着村干部到村里一家家做工作，同大家讲清楚"十几年集体生产效益不好，出产出力不出活儿，实际上并没什么好处"，慢慢地大家就接受了。当时来凤池开厂的香港老板，也帮助劝村民搞家庭联产承包责任制，说"如果搞集体生产的话，就搞不了工业生产"，后来村民慢慢就很支持了。最终凤东、凤西于 1982 年分田到户，第二年小布和西边也开始实行了。

但那时候，大家并不特别能放开手脚干，今年 65 岁的凤西经济社社长曹锐华说，那时稍稍富起来的人担心着一件事："生意能做多久？富了会不会挨批？会不会一场运动当头，就被当作'资本主义尾巴'给割了？"那时候大家胆子、手脚总不敢全放开，做事情蹑手蹑脚，如履薄冰。

"我自己很犹豫，我妈那时就更怕。"曹锐华回忆说，原本他家在临大街的地方有一间祖屋，打开大门就可以开一间士多店。他本来想办个牌照回来，开间便利店给自己的母亲，这样就可以不用做一些苦力活儿，但想法刚提出来就被骂了，她说："你是不是想让别人拉我去批斗，想让别人斗死我呀！"最后曹锐华的士多店没开成。

但没多久，大家便尝到了分田到户的甜头。让村民尝到甜头的，是一种叫做西洋菜的蔬菜。虽西洋菜在今日已随处可见，但在二十世纪六七十年代，却是稀有品种，凤池人种西洋菜还有一段耐人寻味的故事。

凤西村现年75岁的村民曹炯溪告诉笔者，20世纪60年代，与凤池相隔两个大队的一个村在种西洋菜，这种菜周期短，易管理，收效快，对于吃大锅饭的农民来说，是一种填饱肚子的好菜。于是，曹炯溪和几个村民一起去寻菜籽，却处处吃闭门羹。

凤池人没有放弃，四处走访打听得知，在广州郊区有西洋菜籽卖。于是，曹炯溪和几个村民，骑自行车火速赶赴广州。"那地方真的很远，但大家心里激动，一点都不敢停歇。"当他们筋疲力尽地赶到广州石排市场，终于把梦寐以求的西洋菜籽揣在怀里。

此后，在曹炯溪和几个村民的带动下，凤池很多人家都种起了西洋菜，凤西村甚至各家各户都种，每至秋天田间一片翠绿。凤西村民曹国英说："80年代，改革开放分田到户后，我们凤池村民种田积极性非常高，寸土寸地都种上了西洋菜。"

西洋菜是20世纪30年代由国外引入广东的，但在整个广东地区尚属稀有之菜，凤池人凭借独到的眼光将其引入并大规模种植，在 20 世纪 80 年代成为远近闻名的"西洋菜村"。

曹炳添虽然那时已经在村里做会计，但家里人还是在自家的地里种上西洋菜。"种西洋菜很辛苦，西洋菜经常要泡在水里。有些是下午割了用水浸着，有些是一大早才割，然后就装上单车（即自行车）运去卖。"曹炳添回忆说，在单车的后座两旁各放一个框，上面也压上一个框，一辆单车能装两三百斤，他们的单车轮子都是特制的，远的会骑着单车到广州珠江桥去卖，或去佛山的普君市场卖，也有近的就在大沥附近的市场卖。"去得远了就卖得贵一些。""最初才几分钱一斤，后来 2～3 毛钱一斤，最高峰时出现过 1 元钱一斤。西洋菜都是气温低就长得好，价格就高，但种的人就辛苦。"曹炯溪回忆说，后来大沥松岗联表有一个村也跟着种，但无论是菜品，还是恒心毅力，都"种"不过凤池人。

在那个很多人月工资只有几十块钱的年代，凤池人靠着卖西洋菜每天能拿回几十块钱的收入，已经算是一条很好的门路。

1973 年嫁到凤池的李渐想，清晰地记得当时的辛苦："那时候分田到户后，我也种西洋菜，非常辛苦，每天凌晨 2～3 点赤脚到冰冷的水田割西洋菜，然后骑单车运去广州卖，那时候广佛路还是沙路，颠簸不平，后来种到腰痛，种不过别人，就放弃了。"

正因为种西洋菜辛苦，所以凤池人也会量力而行。"家里劳动力多的，就会多种一些；劳动力少的，就少种一些。"曹炳添计算着说，那时候种一亩西洋菜的话，一年赚个三五千元并不难，所以凤池人的餐桌上，也经常能看到烧鹅、烧肉什么的。

两菜一袋　掀起首轮致富潮

尝到甜头的凤池人并不满足于此，又开始开发另一种经济作物——豆芽菜。豆芽菜作为中国食品四大发明之一，只需要豆子、水便可以发成，成本低、不需要土地、收成可观，非常适合家庭作坊操作。

看到商机的凤池人，便家家户户发了豆芽菜。豆芽菜对水的要求很高，凤池有自己得天独厚的优势。凤东村民曹国英介绍："在凤东，有一口芽菜井，那里涌出的水源源不断，发出的豆芽菜特别清甜，短短胖胖的，很受市场青睐。"

图 1-2　曾经的凤池，是远近闻名的"西洋菜村""芽菜村"

至今不少凤池人对发豆芽的步骤如数家珍：先挑选好绿豆—回家后用水泡一隔一天，放到瓦缸（缸底要穿好一个小洞，用合适大小的瓦片盖上，3个小时淋一次水）—然后挂帘子——一个星期后成芽（冬天迟一两天，用暖灯加温，可见凤池人的智慧）。

发豆芽是很辛苦的活，夜不能寐，晚上每隔两三个小时起床淋水，成芽后就迅速用自行车运到佛山、广州芳村、广州"河南"（珠江以南）去卖，价格最高时，3~5毛钱一斤，一斤绿豆可以发七斤豆芽，并非暴利之业，靠的亦是勤劳和恒心。

现任凤池经联社社长的曹忠华，清楚地记得小时候帮家里发豆芽菜的情形。"那时候我还在上小学，每天上学前，要帮缸里的豆芽淋水，放学后，要帮父母用石灰洗缸，给发豆芽菜的缸子彻底消毒，因为豆芽菜很娇嫩，稍微消不好毒的话，在长的过程中就会烂掉。"曹忠华记忆里，父亲每天一大早，就用单车装满豆芽菜，骑出巷子去远处的市场卖，那时候凤池不少人发豆芽菜，早上出门早的话，从他家巷口能看到二十几辆单车载着豆芽菜一路骑出去。

"下午，直到看着家人从外面平安归来，我们的心才会松一口气。"曹忠华说，母亲经常一整天提着心，担心行情不好，担心和别人起冲突，担心遇上事故。

种西洋菜、发豆芽菜的日子虽然辛苦，但也让凤池人的荷包鼓了起来。曹忠华记得，自己家很早就买了摩托车，还开了小卖部，早早买了黑白电视机，有时候好多人围在小卖部前看电视。"那时候一辆摩托车也要四五千块钱，都能买一块不小的宅基地了。"

可以说，在 20 世纪 80 年代，早期凤池人的致富，主要还是以农业为主。

当年为了鼓励大家大胆致富，南海还做了一件轰动全国的事情——敲锣打鼓贺富。1980 年 1 月 10 日，时任南海县委书记的梁广大，带着南海县委、县政府领导班子，抬着 6 头烧猪、10 坛九江双蒸酒，带着 100 万响的鞭炮和烟花，来到小塘公社南沙大队，与村民开席喝酒，首创敲锣打鼓贺富之风。同年 1 月 18 日，《南方日报》头版头条以"富甲全县的南沙大队"为题报道了南沙村的经验，轰动全省。

在当年南海"敲锣打鼓贺富"时，凤池有 3 个人登上了"万元户"的光荣榜，其中的曹灿伦专门靠承包鱼塘养鱼花为生，曹日添是靠种冬瓜发家，陈志安则是靠贩鱼致富。时任凤池党支部书记、现为凤东经济社党支部书记的邵满华告诉笔者，其实那时凤池的万元户不止这些，还有一些人不愿意"露富"，没报上去。

正是通过初期的"两菜"，凤池开拓了一条属于自己的生存之路，度过了改革开放初期的清贫日子。但在广佛交融互通中，凤池人滋生出强烈的商品意识。

与此同时，因为广州南方大厦的货仓设在凤池，抓住其释放的大量货物装卸而催生的麻包袋生产需求，凤池人用"三来一补"的方式做起了加工贸易。起初都是集体在做，后来有销路了，个体便自己做，将麻包袋"大袋改小袋"，或破袋修补后再卖出，这也帮助一些家庭实现了致富，凤池形成以"两菜一袋"为代表的农村经济。

值得一提的是，20 世纪 80 年代，我国迎来小城镇的蓬勃发展。1984

年，国务院先后放宽农民进镇落户限制和建制镇设置标准，为小城镇的发展创造了宽松的政策环境。"小城镇建设对于凤池的影响，不亚于第二次土地革命。"邵满华说。

由于当时大沥镇政府选址在凤池社区，在凤池征地 130 多亩，使得凤池的可耕地少了很多，因此村民办厂发展工业的积极性更加高涨。

1987 年，国务院批准广东省南海县作为农村改革试验区，试验的课题是：发展土地的适度规模经营；建设农副产品出口基地。1989 年，因分田到户后剩余很多劳动力，南海县在西樵开会提出各个村要建设工业区，开启了南海各镇街大规模的工业化之路。

到这时，慢慢有了一些积蓄的凤池，才开始涌现出冶炼厂、界木厂、抛光厂，也搞了凤池工业区、小布工业区等，1990 年之后有了电渡厂、压铸厂等。

第二节　小小村庄，走出了两大铝材龙头

如果说，各类工厂的崛起，让凤池村民获得了不错的收益，那么，真正让凤池声名鹊起的，是两家铝型材龙头企业的崛起。如今，在大大小小的场合，凤池人、坚美铝材创始人曹湛斌，总是很骄傲地说："全世界10座最高的楼，有5座用的是我们坚美铝型材。"这是坚美的骄傲，是凤池的骄傲，也是中国铝材的骄傲。

图1-3　20世纪90年代，凤池社区的菜地和厂房

■凤铝：将来若有成绩，希望光耀凤池

凤铝是诞生于凤池的第一家铝企。其创始人吴小源是大沥沥东人，自小跟随父母在凤池长大，此前是大沥模具厂的供销采购员。邵满华回忆说，1990 年的一天，吴小源在兰州出差，突然打电话给他说，要租地办铝型材厂。因为吴小源当时走了很多地方，看到各地的厂都办起来了，就下定决心要办间厂，忍不住在兰州就给他打电话，说"8 月 14 日回来就和我签租地合同"。邵满华犹记得当时吴小源说话时兴奋的样子。

后来党支部就帮他在广佛路边盘了 30 亩地，凤铝就办起来了，这是凤池的第一间铝型材厂，为什么叫做凤铝呢？当时吴小源就说，以后这间厂如果有成绩，将来光宗耀祖的也是凤池。

"当时租地给他是很廉价的，我们还给予他租地、贷款、水电方面的优惠政策及劳动力支持。原来广佛路边填土是没有政策允许的，我们村委会去政府多番争取，慢慢就获得了政府的许可。"邵满华回忆道。

从此，这里开启了一个行业神话。据媒体报道：1990 年，凤铝前身——南海凤池不锈钢铝型材厂诞生，20 多年后，它从一个仅四台挤压生产线的小型铝加工厂变身为行业翘楚，年均销售增长超过 20%，产值规模翻数十倍，跻身"中国最有价值品牌 500 强"，获得"中国驰名商标"等一系列荣誉。

凤铝诞生的 20 世纪 90 年代，正是铝型材行业发展的黄金时期，是绝对的卖方市场，生产的产品可谓"皇帝的女儿不愁嫁"，经过近十年的高速发展，到 90 年代末，中国的铝挤压材生产企业的总量达到了 1 100 多家，

仅佛山就有 600 多家。

行业爆发式增长暗含隐忧，短期内产能扩建速度远超市场容量，供大于求，同时，众多新晋企业质量良莠不齐，市场上鱼龙混杂。

作为佛山第一批成长起来的铝型材企业，凤铝走上品牌引领企业发展之路，在苦练内功、注重产品质量的同时加强品牌推广。

那时凤铝通过各种媒介途径多渠道、全方位打广告，一时间"凤铝铝材，实实在在好铝材"，"凤铝，我们的铝材专家"等广告语出现在全国大街小巷，迅速向消费者传达了凤铝的产品功能和品牌价值，"凤铝品牌"逐渐在消费者心中从陌生到熟悉，从熟悉到偏爱，凤铝之名迅速传播，企业形象、社会知名度、品牌影响力获得了极大提升。

广告固然可以为企业品牌传播助力，但决定企业市场竞争力的因素显然不只是广告。凤铝成立之初的十年，是铝型材行业高速发展的十年，也是铝型材行业暴利的十年。同时，行业中也存在诸多问题，产品质量良莠不齐、生产结构不合理、企业规模小、缺乏充分竞争等。

面对诸多诱惑，凤铝没有盲目扩张去追逐利润，而是选择专注本业苦练内功，以过硬的产品质量维护企业声誉，以优良的服务建立企业品牌，以持续的创新推动企业升级。

"质量是企业的命根子"是凤铝人常挂在嘴边的一句话。从奥运场馆到神舟六号，从楼宇建筑到交通系统，从民用到军工，凤铝建立了完善的质量管理体系，先后通过了多项国际标准管理体系和产品质量认证。

"不合格原材料不投入、不合格产品不生产、不合格产品不出厂"，"三不原则"下的三级产品质量检验制度，确保产品质量始终处于受控状态；建立了质量检测检验中心，并通过了国家实验室认可。

三十年来，凤铝铝业产品结构实现了由建筑型材向工业型材＋军工型材＋航空航天型材＋特种铝合金型材等多领域、综合型转变与跨越；行销与运营模式走上了从自主品牌到省内品牌，再到国内品牌乃至国内外知名品牌相结合的新路子，凤铝品牌已逐渐成长为铝型材行业的标志性品牌。

坚美：中国"质"造的坚守者

坚美的创始人曹锐斌、曹湛斌两兄弟是凤池凤西人，曹湛斌退伍回来之后，做起了劏牛卖肉的生意，后来赚到钱的曹氏两兄弟，开起了压铸厂，专门生产工艺并不复杂的塑料玩具枪，之后，发现开铝型材厂赚钱，他们就谋划着转型做铝型材厂。

当时曹湛斌的战友有在从化政府工作的，一直说服他们可以在从化办铝型材厂，说是租地便宜、税收优惠、贷款容易等，曹氏两兄弟便去从化租了几十亩地，将地推平之后拉了一些砖准备围起来，当地的群众看到了就围上来说，"这是做什么啊，不经我们同意就把地围起来"，双方起了争执。

曹氏两兄弟发现现实没有想象的那么简单，就很果断地撤资退掉了合作，回凤池和支部书记邵满华谈。邵满华记得，当时坚美要了三十六七亩地，那时晚稻长起来还没收割，但是两兄弟急着办厂，就直接折现给了村民赔付，凤池对他们也是无条件支持，平地填土出工出力，只用了两个晚上就填好了。另外，贷款、水电、劳动力等方面需要支持，凤池也都及时帮忙协调，"当时有过百人的劳动力"。

按照凤池村民的说法，从 1993 年开始办厂，到现在坚美一直在扩大，在高边、小塘、狮山等地建厂，规模越来越大，发展越来越好，在三水还开发房地产等。"曹湛斌就是我们的成功人士！"

其实，不管事业做得多大，曹湛斌兄弟多年来一直在回馈凤池。"村里人若想去坚美就业，你和我说一句话就成了。"曹氏两兄弟总是这样和凤池的"两委"班子说，而坚美这么多年来的凤池员工，一直都不少于 100 人。

一直让凤池人津津乐道的，是每年的"五一"，只要天气允许，坚美都会出资，在曹氏大宗祠设宴，宴请村里六十岁以上老人，不管是农业还是非农业户凤池人，直接去就可以了，这个传统已经坚持了近十年，每年都有 60 多桌。而在曹氏大宗祠的修缮过程中，坚美也贴补了除了村民捐款外的所有费用。

在官方媒体的报道中，坚美则一直被作为坚守产品质量的企业典范来报道。2017 年，曹湛斌被佛山市政府命名为"佛山·大城企业家"。以下为当时《佛山日报》对曹湛斌的报道：

"要么就不做，要做就做到最好。"这是他经营企业的信念。

在这种追求完美的信念下，他不断创新，不断实现自身的超越。

"质量、创新、品牌"是其一生的坚守，他拿下了行业首个中国质量奖提名奖。

全世界 10 座最高的楼，有 5 座用的是他经营的企业的铝型材；而在我国 300 米以上的 49 座标志性建筑中，有 17 座也在用他的铝型材。

他就是广东坚美铝型材厂（集团）有限公司董事长曹湛斌，一位追求完美的退伍军人，一位追求产品质量的企业家。

守信念　亏本也不用一斤废铝

20世纪80年代，改革开放的号角吹动了无数创业者投身创业浪潮，作为改革开放后南海第一代民营企业家，曹湛斌最早投身的不是铝型材行业，但是凭着"要做就做到最好"的信念支撑，后来者居上。

1993年，看到改革开放带来的大建设与大需求，曹湛斌与哥哥曹锐斌投身铝型材行业，创办坚美，寓意"坚质献顾客，美誉扬八方"。

成立之初的坚美只有一台熔铸机和一台挤压机，是个纯正的小作坊。"正是因为小，为了做大，别无他路，必须靠质量来赢得客户。"曹湛斌崇尚质量至上的价值观，将此倾注进了坚美的日常运营中。

坚美诞生时，正赶上中国铝型材市场爆发式需求期。当时的市场无论产品质量如何，只要生产出来就有利可图。为此，很多企业在产品中掺杂废铝，以降低生产成本，但坚美从来都是使用符合标准的原材料，坚决不用一斤废铝。

曹湛斌回忆，在那个时候，很多人都表示不理解，甚至还有人说"现在整个市场都这样，你又何必装清高"。但曹湛斌心有坚持，不为所动。

1994年初，在坚美挤压车间有一批产品的质量介乎合格与不合格之间，不少员工认为，反正用户看不出问题，对工程质量也不会产生根本性的影响，不如直接交货，也为厂里节约资金。但曹湛斌要求，将这批产品全部回炉，直接经济损失高达 10 多万元。这对处于起步阶段且流动资金十分匮乏的坚美来说，是个巨大的数字。

这一事件震惊了公司上下，全厂通过产品质量意识的大讨论，确立了"有缺陷的产品就是废品""不生产合格产品就是不合格员工"的新观念，继而制定了一套严格的质量运行和监督体系，坚持至今。

▎不服输　让中国制造获国际话语权

2016 年，广东坚美铝型材厂（集团）有限公司荣登中国质量奖提名奖榜单，成为行业首个获得这个质量领域最高荣誉的品牌。

从一家"小作坊"到中国质量的标杆，一路走来，"坚持追求完美"是曹湛斌始终坚守的核心价值观，但他也清楚认识到："品质的提高，除了需要核心价值观的坚守，还需要不断创新，创新是企业发展的驱动力，没有持续创新能力的企业是无法持续发展的。"

从坚美历年来展厅陈列的产品、生产机械装备和工程案例的变化及坚美品牌建设不断提升的情况可以看出，过去的二十多年，是坚美不断创新的二十多年。这种创新既包括理念上的创新，也包括管理上的创新、技术上的创新以及产品的创新。

在工艺装备技术创新上，坚美早在 1999 年就斥巨资引进行业内第一条日本全自动化立式氧化电泳生产线，生产能力、效率及产品质量得到大幅度提高。2011 年，坚美引进了华南地区最大的 9 000 吨挤压机，进入以传统建材为主向特殊工业材和大截面工业材方向转型升级的新时代。

在管理方面，创新提炼出价值链嵌入全过程的"三关两全"质量经营管理模式，即关注顾客需求、关注研发创新、关注两化制造，以质量工具集成应用为支撑的全员质量改进和以数据为基础的全过程质量追溯。

俗话说：一流企业卖标准，二流企业卖品牌，三流企业卖产品。

在产品创新方面，坚美除了关注产品质量，更注重制定产品标准，掌握行业话语权，先后参与国家标准和国际标准的制定。为打破欧美发达国家垄断技术标准，坚美与日本轻金属协会，共同提案 ISO《铝及铝合金阳极氧化复合膜》国际标准。前后花费 7 年时间，面对第一次国际标准草案未获通过的困境，始终没有气馁，最终坚美以科学、翔实的试验数据赢得一致认可，成功问鼎国际标准，也为"中国质量"在国际上赢得了"话语权"。

▌敢创新　推门窗定制＋互联网新模式

经过 30 多年的发展，我国已经成为世界门窗企业数量最多、门窗产能和销售市场最大的国家。在西方发达国家，系统门窗普及率非常高，而中国系统门窗市场几近空白。与此同时，铝型材行业正面临着经济下行、市场下滑、资金困难等种种考验。

多年的商海浮沉让曹湛斌练就了敏锐的市场触觉，虽然已年过半百，但他仍锁定了门窗系统的转型战略，朝着百年坚美梦，毅然开始了二次创业。

从 2010 年起，坚美铝业确立了由生产好铝材逐步向做好门窗方向发展；由输出铝材向输出门窗设计、标准、服务、解决方案发展。曹湛斌召集中外几十名门窗行业专业人才，制订出详细的五年近期、十年中期及十年后远期发展规划。

五年磨一剑，投入上千万元实验室设备，数千次的试验与测试，坚美的门窗系统全系列产品于 2015 年终于成熟，这一年也成为坚美门窗系统全面推广和销售的元年。

去年，广东坚美定制门窗系统有限公司正式开业。曹湛斌表示，坚美要用全新的思维打造"门窗定制 + 互联网"模式，通过互联网以及实体店，构建 O2O 服务平台：从线上线下预约、上门量尺到线下的方案设计及方案确定、合同签订、定制生产、上门安装、售后服务，全程实现"专业的，面对面的，一对一的"定制服务。这也是佛山企业家对供给侧结构性改革最实际的呼应和行动。

现在的曹湛斌除了企业家身份，还有另一个身份——广东省人大代表。当选省人大代表之后，他始终聚焦在产业转型升级上，为千千万万民营企业发声。

作为履职代表，曹湛斌最为关注的还是企业的产品质量和自主创新能力。对于质量、品牌和创新，这位军人出身的企业家，从未放弃对此的追求和坚守。因为，他从内心知道，质量是企业的生命线。

"大城脊梁"朋友圈——我眼中的曹湛斌

我跟曹湛斌接触比较多，我觉得他身上具有佛山企业家的坚持、专注、专业精神。虽然曹湛斌也做其他行业，但是从来没丢过铝型材这个主业。他对于铝型材行业非常专注，致力于要将坚美的铝型材做到中国最好、世界最好。全球十座最高的楼，有五座用的是坚美铝材，每当他谈到哪个国家用了坚美的铝型材时，两眼都会发光，有一种由衷的自豪感，所以我觉得他身上还有一种使命感，要捍卫佛山制造的光荣。

——资深媒体人、佛山商道研究院首席研究员　龙建刚

曹氏兄弟手足情深，二十余年携手共进，使一个草根民企成为行业龙头，这已经是行业内外的佳话。如果没有分工合作的默契和一条心的团结，无论如何也是做不到的。手足情的和谐最终凝聚成坚美的大和谐。他们具有远见卓识的洞察力，具有审时度势的快速抉择能力，这些优良特质影响和改变着坚美人。

——坚美员工　苏子洪

第三节 专业市场"造富记"

好的关系总是相互滋养的。在工业化的浪潮里，是凤池孕育了凤铝、坚美，但凤铝、坚美的崛起，也为凤池开辟了新的机遇。凤池装饰材料市场的形成，就得益于铝材产业的溢出效应。连凤池人自己都没想到，这个市场未来会成为凤池最大的产业。

小村庄要建大市场

从最初的临街店铺，到凤池装饰材料市场一期再到二期，南海罗村人招星燎的生意跟他租下的门面一样越来越大。现在，他名下有两家公司，分别经营着幕墙工程和建筑五金等。

而那个成为招星燎生意路上最重要据点的专业市场，当初的"出生"却费了不少周折。

说起中国的专业市场，浙江的义乌被不少人视为"开山鼻祖"。20世纪70年代末，拥有悠久经商传统的义乌农民在县城稠城镇和廿三里集镇歇担设摊，形成自发性的市场，小商品市场雏形初现。1982年9月5日，稠城镇的湖清门小商品市场一开放，周边的群众便像潮水般涌向义乌。此后

的三十多年时光里，一代又一代的专业市场在义乌飞速发展，造就了一个
贫穷落后的农业县变成"世界超市"的财富传奇。

图1-4　早期的凤池装饰材料市场

　　翻开大沥的专业市场发展历史便可发现，它与义乌几乎是"同步上
演"。

　　20世纪70年代末，新建成的广佛公路成为广佛交往的新纽带。当时，
来自四川、重庆乃至海南的汽车经过这条道路前往广州都要经过大沥这个
"西大门"。于是，从外地去广州的客车卸货后都会到大沥拉点货物带走。
一来二去，广佛公路两旁自发产生了一些从事烟草和副食品买卖的个体户。

到了 20 世纪 80 年代中期，大沥供销社敏锐观察到人们出行需求的变化，牵头成立了大沥摩托车专业市场。在摩托车专业市场大获成功后，他们趁热打铁在广佛路沿线开办了烟草、中草药、布匹等专业市场。进入 20 世纪 90 年代，广佛路更加繁忙，这为道路两旁的商铺带来了旺盛的人气。到如今，16.5 千米的广佛路被称为"黄金走廊"，沿线就有 38 个专业市场，每年创造近 7 000 亿元交易额。大沥因此成为珠三角"马路经济"的代表。

在这条"黄金走廊"上，凤池装饰材料市场是其中一颗闪闪发亮的明珠。

大沥没有天然的铝矿资源，却是全国最大的铝材生产、贸易集散地。镇内的铝材企业鳞次栉比，其中凤铝和坚美跻身全国铝材行业龙头位置，而恰恰这两家企业就落户在凤池。20 世纪 90 年代初，凤铝、坚美日渐壮大，一些做胶条、门板等铝材配件生意的商户，抱着"近水楼台先得月"的想法来到了凤池。这些商户从内街小巷里的出租屋起步，散落在居民区内、广佛公路旁。

集聚的商户越来越多。凤池人敏锐察觉到这一趋势。"大概是在 1996 年的时候，我们在广佛路那边建了两排简单的商铺，没想到一下子就被这些商户租完了。"梁焕松从 1981 年开始进入凤池村委会工作，1998 年起担任凤池的书记，直到 2010 年退休，见证了这个专业市场的萌芽。

1993 年，招星燎到大沥开始创业，选择的行业是门窗配件。1997 年，他慕名来到了凤池，租下了一间店面。

此时，还在凤池经联社当副社长的曹应均，从《参考消息》上看到了这样一条信息：装饰材料行业，将成为未来十大赚钱行业之一。"联想到那些自发聚集而来的铝型材配件商户，我们都觉得凤池如果建一个装饰材料市场，应该是'有得搞'的！"兴奋的曹应均立马就跟同事一起来到南海经贸部门市场科，透露了这个想法。

这时，大沥及周边没有一个同类的市场可以借鉴。如果要建这个市场，需要凤池自己"摸着石头过河"。于是，当时市场科的工作人员建议曹应均先回去做一个可行性报告。

这可让退伍军人曹应均犯了难，毕竟村里从没有人做过这种报告。但他还是手写了满满 4 页纸，写出了凤池要建装饰材料市场的决心和底气。当他把这份"可行性报告"拿到政府时，工作人员却有点哭笑不得。"他们搬来一摞差不多 1 米高的文件，说这是一个集团即将做的项目的可行性报告，这时我们才知道那 4 页纸是远远不够的。"曹应均回忆道。

曹应均一行人的举动打动了经贸局市场科的科长，科长亲自到凤池计划建设市场的地方看了看，认可了曹应均他们的想法。1998 年，凤池经联社向政府申请立项，正式成立凤池装饰材料市场，占地面积 35 亩，主要参与建设的是经联社、凤西经济社与凤东经济社。1999 年，凤池装饰材料市场一期正式面世。

由于一期占用的是一片西洋菜地，很多村民在"两菜一袋"中尝到过甜头，同时对专业市场的发展前景抱有疑虑，因此存在一些争议，这个市场差点建不起来。"开了很多的会给大家解释、做思想工作、算经济账。后来开股东会议表决时，赞成只比反对多一票。"时任凤西村长的曹满桐回忆道。

市场建起来了，接下来要面临的是招租。很快，招星燎就从原来的店面搬到了这个崭新的市场，随之开始了新一轮生意的扩张。"招商不愁，路边的铺位供不应求。"曹应均说，里面的一些铺位也被租了当仓库，但是为了不影响人气，凤池就答应商户可以降低一点租金，条件是要打开仓库门营业，这样能让市场看起来更有"人气爆棚"的氛围。

市场的兴旺，直接带来的是集体收入的猛涨。曹满桐说，1996 年经济社的人均分红是 7 000 多元，到了 1998 年仍然保持这个效益。但装饰材料市场一期建成后，不到两年，分红升到 1 万多元。

▋ 自愿垫资建工程的承建商

2008 年，通过选举，曹锐华成了凤西经济社的社长。一打开社里的账本，看见上面明晃晃的 1 400 多万元债务，这让在外闯荡过多年的他，从未觉得如此"头疼"。

但这笔债务，日后带来的是不断增长的收益。

运营数年后，凤池装饰材料市场一期的商铺租情渐入佳境，已不能满足租户的需求，扩充经营迫在眉睫。凤池开始思考扩大市场规模。适逢广东省"三旧"改造政策推出，于是凤池把目光投向了原来的木材加工市场。

20 世纪 80 年代到 90 年代初，南海"六个轮子一起转"，开始"一村一品"工业园建设，由此走上了工业化之路。凤池曾有几家属于集体的红砖厂。盖房子的人需要红砖，也需要木板以及支顶，凤池敏锐地捕捉到了建材的需求，于是慢慢出现了木材加工的行业。1993 年，竹木市场在凤池诞生。然而，这个木材加工市场一直都存在收益少、污染大、消防隐患等问题，为了提升集体土地的开发档次和价值，把它改建为二期装饰材料市场（简称"二期市场"），成为凤池的选择。

地是有了，可是钱从哪里来？要知道，这次二期市场计划占地 76 亩，建设 13 栋新建筑，每栋有 2 ~ 3 层，总投资接近 5 000 万元。虽说一期市场的兴旺为凤池带来了不少集体收入，可要一下子拿出这么大一笔钱，并不是一件容易的事。

先存够钱再改造？怕耽误了眼下大好的发展时机；去贷款或者集资？融资手续烦琐而且成本也会被拉高。面对这种状况，凤池一时也犯了难。

据梁焕松回忆，就在这时，一期市场的承建商潘汝祺以及另一位建筑商苏细煌，带着一个崭新的建设方案来到了凤池。此时，时任凤池书记的梁焕松和他的同事们，第一次听到了这个英文名词：BOT。

什么是 BOT 模式？具体来说，在改造时，凤池提供项目用地，旧物业拆迁由开发商负责，建筑废料抵做拆迁费用，新市场所有物业由开发商依据双方议定的设计标准垫资建设。在收益分配方面，市场 2 至 3 层铺位 5 年内无偿提供给开发商经营，凤池原则上只收取市场首层租金。但当市场基建完成时，凤池把该部分应收的租金用于冲抵建筑费，不足部分另外补齐。

这个模式的好处显而易见：灵活运用 BOT 模式的筹资功能，既可以在资金方面解决项目融资难的问题，又可在时间方面提前实现项目改造或建设目标。"为了保证公平，我们去凤西开会，凤西同意，村委会这边也没有异议。还开过股东代表大会，当时有做会议记录。"梁焕松说道。

说干就干。凤池在 2005 年开始以"吃螃蟹"的勇气，运用 BOT 模式，引入社会资金，启动二期市场改造。这个举措，当时在社会上造成了轰动，引来了省内不少媒体争相报道。"以地引资，以租抵建"的合作模式，既改变了以往周期长、效益低的单纯土地出租模式，又确保了集体物业的升值和集体经济的可持续发展，也让承建商获得较大的利益空间，形成了合作共赢局面。

这个项目于 2007 年 7 月正式投入使用。在短短的 3 个月招租期内，出租率便高达 98%。据统计，改造前，该片旧物业平均月租为 12 元/平方米，整个市场年租金不足 400 万元。改造后，新市场月租金平均超过 40 元/平方米，仅首层每年的租金收入可增加 300 万元。

二期市场里，凤西占了很大的份额。2006 年，在外地从事了多年建筑行业的曹锐华，卖掉了打桩机回到村里。因为有工程建设的经验，大家就让他去监督二期市场建设的质量。为了不错过参与改造的契机，凤西当时

图 1-5 现在的凤池装饰材料市场

从经联社和其他渠道借了不少钱来建设市场。2008 年，在经济社的换届选举中，曹锐华当上了凤西经济社的社长。曹锐华说："到我接手的时候，一看账目，发现还有 1 400 多万元的债务，当时就觉得压力很大。"

不过等到市场的租赁权收回来后，曹锐华的压力很快就变成了动力。因为市场的租金收入也挺可观，除了给村民发放福利外，还可以拿出一些来还债务。到了 2013 年，凤西的债务就基本还清了。"现在市场的租金最贵可以达到每月每平方米 130 多元，我们的分红比一期市场建设那会又增长了一倍多。"曹锐华开心地说。

■ "打摩的"的商户开上了名车

徐湘从 2007 年开始"追随"凤池装饰材料市场。刚到凤池经商时，他甚至连一辆像样的车都没有。"出去联系工厂都是'打摩的'为主，甚至去花都的工厂都是这样。"那段虽是"苦日子"，这位湖南汉子却一直是笑着回忆。

如今，他不仅有了自己的门窗和五金配件工厂，还开上了名车，也在大沥买房定居了。12 年的光阴里，凤池见证了他的成长。徐湘说，生意越做越大后，曾有新开的市场向他伸出橄榄枝，条件是免租三年，但他不为所动。"凤池是一个做生意的好地方，在凤池的市场开铺既是做生意也是做宣传，因为市场本身就是一个有影响力的品牌。你甚至都不用到外面跑业务，这市场能让客人直接了解和找到你。"徐湘说道。

正所谓"创业难，守业更难"。这说的不仅仅是商户，市场亦如是。按照市场规律，新兴的专业市场要做旺需三至五年的培育期，凤池装饰材料市场也不例外。凭借独特的区位优势和准确的定位，凤池装饰材料市场陆续吸引了一批批商家进驻。一个熟客带多个同行在凤池落地生根，或者由一个大老板派生多个小老板出来。当这个群体经过裂变，市场便迅速壮大。

从 1999 年开始一期投入使用，到如今建设至四期，凤池装饰材料市场的规模不断扩大、市场不断完善，铝材、配件、门窗、五金装饰、建筑板材等应有尽有。某些开发商想复制其发展模式，却相去甚远。

凤池还考虑到要完善市场的配套，兴建商业设施，引进银行、酒店、餐饮、物流等，让整个城市面貌焕然一新。随着饱和度的增加，凤池装饰材料市场的品牌效应甚至还辐射到居民区。在与市场一期只有一路之隔的凤西新区，70% 的自建房都出租给了商户。有村民的五层楼房，除了三、四层自住外，一层做了配件销售，二楼出租做办公室，五楼租给市场租户居住，每月租金合计近万元。

乡村振兴，产业兴旺是重点。在凤池社区，这句话一直被充分地实践着。

凤池装饰材料市场是政府立项、大沥镇首个专业装饰材料市场。凤池社区立足专业市场做活集体经济，兼顾经济效益和社会效益进行规范经营，按照市场导向走自己特色的路，创造了一个多赢的平台，因此能够独领风骚，占领行业高地。

2018 年，凤池社区两级纯收入 1.5 亿元，人均分红 3.2 万元。凤池的集体经济和村民收入，离不开在该社区扎根多年的凤池装饰材料市场。专业市场的繁荣，就是凤池人走在富裕、幸福生活大道上的保障。

▌从广州坐大巴来逛展会

2019 年 3 月 4 日上午 11 点，从外地到大沥办事的李平被堵在了广佛路凤池段。心急的他不禁疑惑：以往通畅有序的公路，现如今怎么变得水泄不通？但对于当地的居民来说，三月初的堵车，在这几年已成习惯。

因为，又开展会了。

场外的道路车水马龙，场内的展会人来人往。一大早，斯汉尔铝艺有限公司总经理康银泉带上了精心准备的麦克风，和公司的员工们分别站在一扇做工精细的银色铝制大门两旁，向往来的客商介绍自己的产品："我们的铝艺型材走高端路线，光是花式就有几百种。除了成品，我们还有零部件、机械设备，而且是免焊接的。"

这一幕出现在第十四届大沥凤池铝门窗建筑装饰博览会的现场。在此次展会的 400 多个展位上，展出的不仅有铝艺型材、全铝橱柜、门窗等全铝家居产品，还涉及门窗机械设备、零部件等，涵盖了全铝家居产品的全产业链。统计数据显示，2019 年 3 月 4 日至 7 日，这个展会吸引了超过 20 万客商。

不过谁也没有想到，这个展会的诞生，竟然是来自一些市场的管理"乱象"。

当时，二期市场建筑形态比一期好很多，但二层利用率极低。2010 年，曹应均接任凤池社区党委书记的职务。他清楚地记得，那时候二期的二层是 20 元/平方米配租给商户的，但当时一层的铺位租金已经接近三位数。"我想，这么大的面积配租给他们，作用不大，收益也不大，等于是浪费了。"后来，曹应均的女儿从大学毕业，学的正是会展专业。父女俩在聊起市场发展时，不禁探讨起是否可以再在市场里增加会展服务的功能。

契合点很快就出现了。随着凤池装饰材料市场的兴旺，为招揽生意，商户们常常将一箱一箱的配件摆到门外展示，慕名而来的客商则习惯在商铺前驻足询问，你来我往间，一单生意就此谈妥。"早在 2012 年 7 月起，市场内的商户便已自发形成了一个小小的展会。到广交会开幕时，他们便在商铺外摆开展品，那架势有点像以前我们常见的圩日。"凤池社区党委委员、凤池经联社社长曹忠华说。

虽然因为管理秩序混乱，这个小展会很快便被整治，可商户的做法却给了社区党委和经联社一个启发。"我们认为这个做法是可行的，只是缺乏统筹人。"曹忠华说。

"一个广交会，带动了整个南中国的经济，我们的专业市场也要朝这个方向，走现代展贸产业的路子。"曹应均说，正是有了这样的理念，凤池装饰材料市场日益繁荣。

经过筹划，第一届大沥凤池铝门窗建筑装饰博览会在 2013 年开幕。这个展会搭的是当年 7 月份广州中建展的"顺风车"。不过，凤池第一届的展会规模很小，只有五六十个摊位，参展商以本地商户为主，只能算是个本地朋友圈里的小展会。

万事开头难，凤池的展贸生意也不例外：虽然首届展会设立的展位不算很多，但出租率却不足三成，"商家对凤池展会信心不足，只有 28 个商家参加"。曹应均说。

图1-6　凤池展会

　　然而办展结果却出乎意料。"我在展会上拿到了第一批订单。"佛山南北旺集成吊顶有限公司总经理谭有明说。2013年，冲着南海的"铝"名气，年轻的谭有明创办了南北旺公司，作为为数不多的参展商之一参加了凤池首届展会，凭着展会订单在市场上站稳了脚跟。从此，谭有明的企业成了凤池展会的"常客"。

　　凤池，一个普通的农村社区，为什么能够持续多年成功举办展会？"对接广交会永不落幕展，广佛好产品商通全世界"，凤池二期装饰材料市场拱门门口张贴着这样一副楹联，彰显凤池在当下推动专业市场再上新台阶的雄心壮志和路径理念。经过6年的发展，凤池展会已形成了一年三展、五大展区的规模，分别对接广州各大展会，每一届的成交量也在不断攀升。

灵活的办展方式和较低的准入门槛，为南北旺等中小微企业打开了对接中外客商的大门，成就了一批又一批的创业者致富梦。

针对每年凤池展会的盛况，还有人概括了凤池展会的三大"怪"：第一"怪"，展位面积不按"平方米"而是按"亩"算，展会面积有近500亩；第二"怪"，展区没有边界，居民区、广佛公路统统是展区；第三"怪"，固定商铺与流动摊位同时布展，固定商铺从不撤场。

图1-7　凤池连续多年举办建材展会

　　凤池作为大型的门窗批发市场，集铝门窗五金、门窗配件、铝型材、全铝家居等于一身，产业链条齐全、资源丰富多样，各种产品各具特色，选择性巨多，这就是为什么全国各地的人聚集于凤池参加此次年度盛会的原因。而且为了实现"精准引流"，凤池每届展会的开展时间都对应广州相关展会，还专门安排了接驳大巴往来广州琶洲展馆和凤池装饰材料市场。因此，前来凤池展会的客商基本都是有着采购需求的，成交的机会便大大提升。

　　在展会的带动下，凤池装饰材料市场也进一步壮大。2015 年，借发展壮大的契机，凤池经联社与坚美、凤铝达成了战略合作，将其生产线外迁后遗留下来的旧厂房地块进行改造，使之成为装饰材料市场的一部分。此举不仅给整个市场增加了 300～400 个商铺，更重要的意义在于，凤池展会实现了连片打通，这为凤池展会抢占市场份额、提高竞争力带来了全新机遇。

　　至此，建立在凤池装饰材料市场上的凤池展会从最初的 35 亩发展到 500 亩。整个凤池装饰材料市场则形成了东、中、西、北四个市场区域，商铺接近 1 100 家。如今，这里已经成为湖南、山东、湖北、四川等全国各地商人的重要"掘金地"。

　　市场和展会的不断壮大，带动了凤池集体经济的发展。凤池社区党委在 2012 年提出"一年一小变，三年一中变，争取五年纯利翻一翻"的目标，在 2016 年就已提前实现。

　　从专业市场的诞生，到展会的出现，不难发现，善于从管理中敏锐地捕捉到商机，是凤池人在经济发展道路上最大的特点。因此，凤池也越来越重视"管理"这个学问在经济领域的"灵活应用"。有了科学、准确的定位，凤池迅速在管理和服务上下功夫。

图 1 - 8　凤池建材博览会

"管理出效益"是曹应均常挂在嘴边的一句话。这些年，凤池装饰材料市场推行一体化管理。现时，凤池组建起了市场专业的保安队伍、安装视频监控系统，确保租户安全、放心经营。此外，还重新将地域进行分区统筹，原凤东停车场划分为东区，原二期和坚美旧厂房划分为中区，原一期归为北区，原三期列为西区，并重新改路名，设立指示牌。凤池社区还对整个市场进行 VI 系统设计，并申请了专属标识，规范、细化管理每一个环节。

"企业来到后，可以通过我们专业市场管理公司，获得管家式的无微不至服务。"在曹应均看来，不是说单纯自己投入管理自己得益，应该站在多赢角度，这样所做的措施才能产生更好的效果。

▌把生意做到网上去

在凤池，乡村展贸创新探索每日仍在上演。

进入 21 世纪的第二个十年，互联网热度开始持续升温，电商发展越来越红火，不过有人欢喜有人愁，电商对实体店的冲击不可小觑。2015 年，"互联网＋"被纳入国家顶层设计，在这样的外环境下，以现货销售为主的凤池装饰材料市场能否成功突围？不少人都在猜测，它会成为网中鱼，还是成为这张网的驾驭者呢？

事实正在向世人证明，凤池成为后者。

互联网时代，以实体店批发零售为主的专业市场传统经营模式面临巨大挑战，"广佛好产品商通全世界"，很大程度上就是开启"互联网＋"运营模式，充分利用互联网推动专业市场的产品走向全世界，实现专业市场进一步发展。

早在 2014 年，为了适应时代发展，乘上互联网高速发展的"春风"，凤池经联社首次提出"互联网＋专业市场＋展会"的概念：上游互联网通过线上接驳整个世界，下游通过展会，把两大块串联起来，为专业市场服务。

"事物都有两面性，只要你利用有利于我们的因素，利就会大于弊。"曹应均说，凤池之所以会大胆在前端引入互联网这个概念，第一是因为它能够为企业迅速打开知名度；第二，为老客户的交易缩短交易距离和交易成本，使企业从以前的分销模式走上直销模式，让质优价廉的产品迅速占领更大的市场。

此后，不少租户主动拥抱"互联网＋"，迈出实质性的一步。而凤池装饰材料市场也建立起自身的官方网站，传递行业及市场的最新信息。插上"互联网＋"的翅膀，凤池打造出"永不落幕的交易会"。

为此，市场成立专业团队打造电商交易平台，并于 2016 年 3 月投入运营，让客商可以充分感受线上购物线下体验的 O2O 交易模式。此外，市场方还与第三方公司合作打造"互联网＋展厅"模式的铝门窗五金电商展厅，通过 PC 电脑端、移动手机端等渠道，打造新颖的行业内首创的"O2O＋F2B"模式，实现"线上推广，线下体验"，厂家直接对接客商。

互联网和展会对专业市场的充实，令租户的经营模式发生了质的转变，从以前的零售、批发到目前的以展贸为主，这些为二期市场二层物业的利用提供了方向。原来做批发零售时，市场二层以上物业很难高效使用。如今，二层以上却产生了很多专业展厅和"互联网＋"元素结合的实体店，这让整个市场的产业水平上了比较高的台阶。

2018 年 3 月，阿里巴巴 1688 电商服务中心签约落户凤池，为展会融入线上线下推广、引流、探针等先进技术。这是阿里巴巴在全国布局的第二个、广东的第一个电商服务中心，服务辐射到佛山乃至整个珠三角，助推珠三角的好产品走出华南、走向世界。

阿里巴巴 1688 电商服务平台是阿里巴巴集团的旗舰业务，是中国领先的小企业国内贸易电子商务平台。1688 电商服务中心佛山凤池站总面积超2 000平方米，设立培训教室、联合运营办公室、服务工作室等功能区，并推进凤池装饰材料市场内电商配套设施如物流、拍摄基地等的搭建，真正做到线上线下的服务融合，让商家在门口就能享受轻松便捷的专业电商服务。

图 1-9　大沥凤池社区阿里巴巴 1688 电商服务中心（《珠江时报》记者方智恒摄）

经过为期一年的筹备时间，阿里巴巴 1688 电商服务中心佛山凤池站在 2019 年 3 月开业运营。凡是租用了凤池装饰材料市场商铺且在合同期内的租户，都能进驻其中并享受到一站式的电子商务服务。目前，该中心已迎来包含"凤池装饰市场旗舰店"在内的首批"客户"。

2019 年 7 月，第十五届大沥凤池铝门窗建筑装饰博览会如期开锣。与往届不一样的是，凤池这次来了新的"朋友"。

第一个"朋友"是香港贸发网。在签署合作备忘录后，这个隶属于香港贸易发展局、汇聚全球逾 190 万买家的网上贸易平台，正式进驻凤池装饰材料市场。它的进驻，将为凤池装饰材料市场带来新的发展机遇。市场内的铝型材企业从此能以粤港澳大湾区产业转型升级为契机，借助香港贸发网在金融、专业服务和国际联系的优势，直接对接国际买家市场，共享国际化专业服务。

第二个"朋友"是杭州数亮科技股份有限公司。这是一家以指数研发与推广为主营业务的大数据高新技术企业，大沥人对其并不陌生，因为这家公司一直负责编制该镇的三大产业指数——中国·大沥商贸指数、大沥·中国全铝家居指数、中国·盐步内衣指数。这次，它为凤池带来了"礼物"——在装饰材料市场启动"智慧市场"建设。在相关的终端系统投入使用后，客商可通过该终端的触摸屏，了解凤池在铝型材产业发展的概况、商铺信息，实现市场导航、企业介绍、产品介绍、企业信用等级排名、客户问卷互动、铝型材实时报价、翻页广告、游客搜索等功能。

凤池还有广东易运站物流供应链和普惠投资集团金融服务等"新朋友"，其中前者带来一套崭新的物流供应链资源，让客户在终端下单后，经过云端系统让调度车辆上门提货，除了可以订单合并的方式为商户降低成本外，更将以集中直达运输等方式破解困扰商户的货损高等问题。

"铝型材以及各类建筑装饰材料，很多都有'定制'的性质，每个客商带来的订单都有自己的特定需求，涉及的交易金额也比较大。"曹忠华说，这样的特点，注定了凤池装饰材料市场里的绝大部分商品和服装等商品不一样，很难单纯通过网络平台就直接完成交易。

因此，凤池的"互联网＋"模式并不是单纯地把交易搬到网上去，而是要打通和整合线上线下的渠道，从而优化和促进交易。未来，凤池装饰材料市场还将通过服务平台，培训市场商家线上交易，继续引导"实体＋

线上"的发展模式。此外，凤池还计划全力打造凤池全铝家居展示交易中心，推进实现专业市场"互联网＋"线上线下更深、更远、更高的"跨界合作"，实现电商、金融、物流等服务升级，延伸更长的产业链、更远的产业集群及配套供应链，打造凤池产业生态圈。

第四节   一个勇于走在时代潮头的村

在刚刚分田到户时，凤池人靠"两菜一袋"，找到了勤劳致富的门路；在工业化大潮中，凤池诞生了闻名天下的凤铝、坚美；在第三产业崛起时，凤池创建了以自己村命名的专业市场，并成为广佛路较兴旺的专业市场之一，还不断插上"互联网＋"的翅膀发展电商；当跨界创新成为一种潮流时，凤池又将创造什么样的神奇？

从 4 到 3 000：一个新产业集群的诞生

"这是用什么材料制造的？"在 2018 年 12 月举行的香港创智营商博览会中，南海区全铝家居行业协会展区内，一位来自韩国的参观客商一边触摸端详橱柜，一边询问参展商。当得知展览的家具是全铝制成时，他无法掩饰脸上惊讶的神情。

从最先"吃螃蟹"的 4 家企业，发展到如今超过 3 000 家的产业链上下游企业，南海的全铝家居产业集群只用了不到 4 年时间，呈现出惊人的爆发式增长势头。这个产业正是起源于"中国铝材第一镇"的大沥。而铝产业发达的凤池，也是一个重要的发展地。

2019 年 1 月，佛山"一带一路"国际商贸洽谈会选址于大沥举行。面对着台下数百名来自海内外的商贸业大咖，凤池社区党委书记陈伟津侃侃而谈，介绍起全铝家居行业的发展前景。不仅要做行业的佼佼者，更要引领行业发展。凤池不满足于已取得的成绩单，在区、镇领导的指导和引领下，勇于探索和不断创新。全铝家居行业从这里萌芽、发展、壮大，更打造出全国首个全铝家居指数，为传统产业转型升级提供了一个绝佳样本。

刚来到大沥创业时，谭有明大概想不到，数年后自己将成为一个新产业集群中尝"头啖汤"的一员。

2013 年，从湖南来到大沥创业的谭有明开始做橱柜晶钢门生意。那时的晶钢门档次不高，价钱也是越卖越低。一次偶然的机会，谭有明的公司应客户的要求，用铝材来代替之前的晶钢门板，而且这个改变竟然颇受消费者的欢迎。于是，通过一步一步尝试，从铝制橱柜门到全铝柜体，逐步延伸到全铝制作的衣柜、酒柜、书柜……他的公司就这样成为大沥较早进入全铝家居的企业之一。

如今，谭有明创办的尚百年集团，业务范围已经涵盖了全铝家居产业链上的多个环节。他介绍："自从进入这个产业后，依靠完整的产业链条，集团每年销售额的增长速度都接近 3 倍，2017 年已经达到亿元的级别。"

谭有明的经历，折射的正是近年全铝家居产业集群的发展历程。

当下，传统的铝型材制造正积极向产业上下游延伸，依靠科技创新拓展铝的应用领域，则是实现转型升级的一个重要方向。在这样的背景下，全铝家居产业由此诞生。身处大沥这个"中国铝材第一镇"的凤池，再次成为"铝产业"的其中一个重要的新舞台。

如今，凤池已是全国门窗五金、全铝家居等行业的集散地，并拥抱"互联网＋"实现线上线下融通发展。在凤池装饰材料市场，已聚集了不少全铝家居产业设计、研发、生产、服务的企业，形成了一条产业链。近年来，这里的商户明显感觉到，铝型材产业转型已经迫在眉睫。依靠科技创新拓展铝的应用领域，则是实现转型升级的一个重要方向。在这样的背景下，全铝家居产业在这里诞生。

在消费者对家居生活要求提高和国家去产能的大背景下，全铝家居行业迎来了春天。与传统的木质家具相比，全铝家居有防水防潮、绿色环保、可回收利用等优势，在密度和压力方面具有相当好的性能，受到了市场的广泛关注。如今，一些企业看好铝家居行业的未来，正积极扩大产能。尚百年集团便计划在大沥镇投资兴建新的厂房。近年企业的成长速度，也使谭有明更加坚定地认为："全铝家居必定会成为家居市场的主流。"

全铝家居主要包含家居铝型材、成品家具、家居配件和全铝家居相关机械设备这4类。这个产业起源于大沥，很快便在南海迅速聚集。2015年，整个南海开展全铝家居业务的企业仅有4家，到了2016年猛增至1 000多家。据不完全统计，2017年南海聚集的全铝家居产业链上下游企业已超过3 000家。

短短数年时间，全铝家居行业迎来了爆发式的增长，而大沥则是该行业生长最迅速的土壤。这也让作为"中国铝材第一镇"的大沥成为全铝家居产业设计、研发、生产、服务等的重要发源地和前沿阵地之一。如今，走进凤池装饰材料市场，"全铝家居"这个字眼总是很容易被发现。

全铝家居在凤池率先兴起后，尽管发展势头迅猛，但是未来行业要走得更广更远，仍然存在诸多需攻克的难点和痛点。例如，铝是一种期货，容易受到市场价格波动的影响，这意味着全铝家居企业要承担较大的风险和压力。

对此，若能引入行业大数据的分析，企业便可进行更为准确的判断。2018 年 1 月，"大沥·中国全铝家居指数"启动编制，并于同年的 3 月 11 日在凤池展会上正式上线发布。该指数被业界誉为"全铝家居纳斯达克综合指数"，是目前全国唯一的全铝家居行业指数。结合大沥全铝家居产业发展现状和发展需求，它在对相关产品分类及指标合理选择的基础上，科学确定类别权重并设计了包括大沥·全铝家居"价格指数"、"产业发展指数"以及"影响力指数"三大类别。如今，它已掌握全铝家居产品的定价权及成为行业发展的晴雨表。围绕全铝家居产业链，该指数将从原材料、半成品到产品等环节，采集从加工到销售各个环节的产业概况和价格，通过分析包括大沥在内的全国各地全铝家居产品需求，为大沥甚至佛山行业商家提供独到和精准的参考数据。

■ 抱团造"牌"

凤池装饰材料市场已经实现从批发零售的传统经营模式迈向现代展贸产业模式。一些与产业相关联的行业协会看中这点，选择落户于这个市场，进一步激发大沥乃至南海的经济活力。

成立于 2012 年的南海区铝门窗五金装饰行业协会就是其中之一。会长黎国敏的身影，几乎出现在每一届凤池展会的开幕现场。毕竟，在凤池装饰材料市场中，不少商户早已成为该协会的会员。这些年来，协会通过定期组织人才培训、法律讲座，以及出版《铝门窗五金装饰商刊》、制作《铝门窗行业时讯》栏目等，为协会和企业树立起良好的品牌形象。

当然，被凤池吸引而来的协会远不止一个。

在 112 平方米的展位内，客厅、卧室、厨房、更衣室、书房、走廊、形象展示厅等 9 个空间，营造出一个"全铝·家"的氛围，这是香港创智营商博览会的现场。12 月 5 日，8 家全铝家居企业参加了此次展会，参展品类包括家居铝型材、成品家具、家居配件。

这是大沥全铝家居产业集群首次站在香港舞台上。"搭台"的是大沥镇政府与香港贸易发展局，而唱主角的不仅是参展的 8 家企业，还有企业背后的行业协会。

全铝家居产品生于大沥，成长发展也在大沥。为了推动全铝家居的健康发展，在大沥镇政府的倡议下，十多家行业优秀企业和品牌联合发起与组建了南海区全铝家居行业协会。2018 年 3 月，协会在凤池展会上正式成立。它是由从事全铝家居产品设计、研发、生产和销售等相关企业发起成立，旨在团结行业厂家企业，为行业标准化和品质制造等把关，提升行业公信力和整体素质，推动行业繁荣健康发展。

自 2018 年 3 月于大沥凤池成立以来，南海区全铝家居行业协会会员企业数量目前已经超过了 100 家。"一个兴起只有短短数年时间的行业能如此迅速地组建起行业协会，算是比较少见的。"该协会会长李功毕说。

"全铝家居是一个'跨界玩法'，市场的反应已经证明了这个产业的发展前景。"2018 年 6 月，广东省社科院教授丁力在对大沥的全铝家居产业集群考察后，认为该产业未来的发展方向将是从单个企业的品牌打造迈向区域品牌铸就。

协会的成立有助于抢先获取定价话语权，深度挖掘产业提升空间，从而全方位把控行业发展。成立至今，南海区全铝家居行业协会便朝着这个方向努力。通过积极筹划制定全铝家居行业的标准，组织企业抱团参加海内外的多个展会，为的就是逐步塑造区域品牌的形象，提升大沥全铝家居在国内外的知名度和影响力。

这些努力已经收到了一定成效。在香港展会上，8 家企业都收获了不少客商的关注，甚至已经约好了到大沥进行实地考察的时间。"国内的有山东、福建等地的客商，国外的有马来西亚、韩国、埃及等国的客商。"这次参展的凯信慧铝制品有限公司总经理张铭昭表示，其中既有家具的销售商，也有家具的生产厂家。

而抱团参展，通过提升产业集群的集体形象，对单个企业的发展也大有裨益。"目前，协会内不少会员企业已拓展了国外客户群体，大沥全铝家居产品已走入东南亚和非洲。展贸是拓展市场的有效途径，借由抱团'出海'参加香港的展会，我们希望向全球参展客商展示大沥全铝家居产业的绿色环保理念，打开更大的国际市场。"李功毕说。

抱团，并不只是行业协会的专长。2019 年，南海区在政府工作报告中明确指出了大沥镇要打造"国际贸易示范镇"。举行首届"大沥全球采购节"，是该镇推出的一项重要举措。作为首届"大沥全球采购节"开市以来的第一站，凤池展会又尝试了"新玩法"。2019 年 3 月 8—11日，第二十八届中国（北京）国际建筑装饰及材料博览会在北京举行。凤池经联社组织联盟单位，让"20 岁"的凤池装饰材料市场"盛装"亮相，在建筑装饰行业年度盛宴上，向全国乃至全球的客商，展示这个南方乡村专业市场的实力与魅力。

"新的一年，我们已筛选了国内相关专业展会知名度最高的 6 个城市，除了首站北京，余下的目标城市是广州、南京、上海、成都和昆明，希望能借此机会吸引到更多客商来大沥做生意，更希望将'凤池装饰材料市场'的品牌推向全国。"陈伟津说。

结语

在并无明显优势的"贫土地"上，养出了可以"下金蛋"的鸡，凤池究竟做对了什么？这是我们此行采访中，一直在追寻的问题。在《格兰特船长的儿女》主题曲中有一句歌词：谁要快乐，就能微笑；谁要做，就能成功；谁要追求，就能得到。

凤池人有一个显而易见的特点，那就是不甘于现状、不甘于贫穷，总是在积极地寻求致富之路，他们面对商机像警鹰一样灵敏，选定了一件事再辛苦也会做下去，他们从不墨守成规，也不故步自封，而是时刻保持与外界同频共振，这使得其不但能做下产业，还能让产业常做常新，不断迸发出新的生命力。

实际上，分田到户为凤池带来的辉煌，主要体现在"两菜一袋"时期，真正让凤池实现产业振兴，靠的是土地的集约化发展，集约化发展＋公司化运作＋公开透明的决策机制，然后给"能人"充分发挥的舞台，就为凤池养出了可下金蛋的鸡。

第二章　人才振兴：让人才活水流向农村

▶ 引言

　　人才是乡村振兴的根本。有什么样的产业，发展什么样的产业，升级融合什么样的产业，最终的驱动要素是人，离开主体的人去谈振兴，那么一定是空中楼阁，凤池就非常注重人才振兴。

　　选举村干部，选贤选能选才，还给人才充分的成长空间；大胆引进人才搞经济，给经商的人提供充分的舞台；认准的目标不放松，不突出个人不唯"政绩"，对村里好的事情一届接着一届干；非常重视教育，眼界超前又大手笔地投入，建设城里小孩都羡慕的省级学校……

　　说它真正老有所养、老有所医、老有所用；壮有所业、壮有所成、壮有所育；幼有所学、幼有所艺、幼有所志毫不为过。

　　不信？请往下看！

第一节　"头雁效应"

群雁齐飞，最重要的是领头雁。头雁勤，群雁就能"春风一夜到衡阳"；头雁懒，只会"万里寒云雁阵迟"。

习近平总书记曾多次强调，要抓领导干部这个"关键少数"和领头雁，坚持领导带头、率先垂范，层层立标杆、人人做示范，一级做给一级看，一级带着一级干，才能发出无声的命令，产生强大的感召力。

梳理凤池的发展历史，能强烈感受到这种"头雁效应"。在凤池，书记打头阵，蓝图规划不是"墙上挂挂"，而是一任接着一任干，将纸上蓝图落实到社区大小事中，做到代代有传承，事事敢创新。

▌邵满华　筑巢引来"凤凰"

"你们来得不巧，老书记出门了。村里有个物业要换电梯，选了几家电梯公司，村干部带着村民代表一起过去'掌掌眼'，把一下电梯质量关。"

"邵伯年纪这么大，也要出去？"

"他是村民代表，当然要了。"

2019年3月的一天，笔者来到凤池社区凤东村拜访老书记邵满华时，却被社区工作人员告知，邵伯临时"受命"出门了。

凤池社区的书记换过一轮又一轮，邵满华算是资历比较深的一位，虽然不做书记很多年，但社区居民提到他，还是会尊称一声"老书记""邵伯"。

邵满华生于1938年，1969年在凤池任革委会主任，当时组织上要求他积极向党组织靠拢，但他却觉得自己思想意识、工作能力还有所欠缺，主动申请考察一到两年。

1976年10月粉碎"四人帮"之后，广大干部群众强烈要求纠正"文化大革命"的错误，彻底扭转十年内乱造成的严重局势，使党和国家从危难中重新奋起。同年，邵满华任职凤池党支部书记。

"我一直做到1994年，做了18年的支部书记。1978年改革开放，当年8月我们贯彻中央37号文件，主要是落实干部的平反，开始拨乱反正，一来二去，干部的积极性就上来了。"邵满华回忆。

干部的积极性上来了，但是群众对改革还处于"旁观"甚至抵触的状态。

1982年12月，时任南海县委书记的梁广大带队来凤池开会，投票决定搞家庭联产承包责任制。"正好两个月前，我们组织去广西桂林学习，回来就决定搞家庭联产承包责任制，但是当时大家习惯吃"大锅饭"了，都不愿意。梁广大走后，不少群众甚至围攻了当时的干部。"邵满华说，后来做了很多工作，群众才慢慢接受。

家庭联产承包责任制解放了劳动力。之后，村民的积极性更高了，邵满华也带着干部"甩开膀子干"，并在当时支持吴小源开办了凤池第一间铝材厂，大胆务实的作风赢得了村民称赞。

1990年9月，吴小源还是大沥模具厂的供销采购员，一次他出差兰州后就给邵满华打了个电话。"他当时走了很多地方，看到各地的厂办起来了，就萌生了办厂的想法，而且还说马上回来跟凤池签合同。"回忆起当年的"冲劲"，邵满华记忆深刻，"后来他办厂了，还取名叫凤铝，说如果有成绩，光宗耀祖的都是凤池。"

在支持吴小源办厂一事上，邵满华展现出了"一把手"的担当和魄力。"当时租地给他是很廉价的，我们还给予他租地、贷款、劳动力支持、水电优惠等政策。原来广佛路边填土是没有政策允许的，我们村委会去政府多番争取，慢慢就获得了政府的许可。"邵满华说道。

▌梁焕松 敢吃"螃蟹"的人

"来啦！里面坐！"2019年3月的一天，笔者来到凤池西边村走访，碰到了昔日的老书记梁焕松。此时，他正在西边村新建办公大楼前浇树，泛黄白衬衫、棉麻裤子的农民形象，讲起话来爽朗有力。

梁焕松，1950年出生，是土生土长的西边村人。1981年，凤池村委看中他做财务的经历，选拔他进入凤池村委工作。当时他是共青团民兵，分管经济，主要协助企业、个体户办牌照，收管理费。1998年，他出任凤池村委党支部书记，至2010年退休。2016年，经村民选举，又返聘成为凤池社区西边党支部书记西边经济社副社长。

在梁焕松任凤池管理区书记前，刘涛根、欧阳宝崧两任书记在两件大事上为凤池的发展铺好了路，一件是超前规划凤池社区道路，另一件则是整合宅基地的土地。

接下来就是实干。怎么干？在梁焕松看来，公开公平是第一原则。在他治下，宅基地分配是公开抽签执行，即使干部抽到了好位置，村民也没有异议，这对经历过"凤西事件"风波的凤池管理区而言，很是难得。

"梁书记给我最大的印象就是公开、包容。"谈及梁焕松，曹应均很感慨，"公开这件事情要做好不容易。"

但在梁焕松看来，在任职期间，他最得意的一件事莫过于2005年，在村集体资金短缺的情况下引入BOT模式，在原先的木材加工市场上建起凤池装饰材料市场二期，当了第一个"吃螃蟹"的人。

提起BOT模式，其实早有"伏笔"。

这要从1992年说起。对中国而言，1992年是一个不平凡的年份。这年1月，南巡悄然启动，一场变革即将席卷全国，"胆子更大一点，步子更快一点"成了无人不知的街头标语。受南巡讲话影响，此前在政府机构、科研院所、乡镇工作的政府官员、知识分子、厂镇基层纷纷离开赖以为生的体制生活，下海创业。

这场春风也刮到了凤池，在那几年，凤池开始了大规模的土地开发。开发土地前要先填土，但不少村却面临着填土费都拿不出来的困窘。

曾任西边村村民小组组长陈松安记得，1993年，西边村集体收入有14万元，7万元上交，剩下7万元村民分。"当时我们有一块地，需要填土平整后才能租给企业主办厂，但是村集体连填土的钱都没有。"

1993年，现任西边经济社社长的陈灿安当时还是个个体户，他最先与西边村委协商，拿了村里5亩土地，想要做废旧金属回收，但是村里已经拿不出钱来填土了。他便建议由自己先填土，费用在以后的租金上抵押。

"我之前出去做生意的时候，看到水头村有先例，就提出这个想法，看看是否可行，行就做咯！"陈灿安说，没想到，村委很快就通过了。

陈松安回忆，村委与陈灿安达成协议，由陈灿安填土平整土地，土地整好后出租给陈灿安，约定前五年租金只收一半，到第六年开始翻倍，到第十年土地归还给西边村，由西边村再行处置。

2005 年，凤池社区在推进装饰材料市场二期建设时，又面临着资金短缺的困境。

曾经承包建设装饰材料市场一期、大沥实验小学的建筑商潘汝祺找到了时任凤池的书记梁焕松，谈了自己的想法："我帮你建，用 5 年租金抵押建筑费。"

"他这样投资下去是不行的，赚不了钱。"当时，水头村新世界酒店老板拿起算盘啪啪啪算起账来，他认为，建筑商大手笔投入建设装饰材料市场二期并不明智。

亏本的生意谁会做？梁焕松细细询问才知道，建筑商在承包建设时，就已经赚了 20% 的利润了，"之前潘汝祺对凤池所有铺位的租金情况做过调研，他认为即使五年租金不涨，他也已经有得赚了"。

梁焕松大胆支持了这个建议，并把方案带到了班子会上，还召开了股东代表大会，说明了情况，大家都没有异议。"建筑费用差不多 8 000 万元，用租金抵押一定程度缓解了村集体资金短缺的困境，建好后，凤池的物业涨了 5 000 万元，这是一个双赢的局面。"梁焕松说道。

这种"以地引资、以租抵建"的方式，被称为"凤池版 BOT"，它构建了"借水行舟、互惠互利"的双赢局面。而梁焕松是第一个吃螃蟹的人。

"关键就是公开，我们做的决策要公开，这件事情我们召开了股东代表大会，有详细的会议记录，大家都支持，就容易推进。"梁焕松说道。

▋曹应均　抓党建就是抓战斗力

凤池社区有一棵大榕树，每到中午或傍晚，社区居民便喜欢聚在树下闲话家常，这里也是最容易找到曹应均的地方。任职凤池干部期间，他常常抽空来此收集民意，对于居民提出的问题，他也会拿出小本子一一记录并解答。

曹应均，1965年出生，曾在部队服过役的他，将守纪律、讲规矩的好习惯带到了日常工作中。1993年，部队转业后来到凤池当干部。2010年至2016年，任凤池社区党委书记。

任职凤池书记期间，他将三块内容有机整合，令社区各项工作开展得又快又好。一块是将党建摆在第一位，并将其转变为战斗力；一块是以经济建设为中心；一块是以社会服务为基础。

为什么着重抓党建？曹应均有自己的理解。

当年他任职社区书记时，社区办公室工作人员加上干部总共才11人，管理社区事务有些乏力。后来，凤池社区通过第三方招聘，吸纳了一些人才进来。年轻人才进来了，却不知道怎么发挥作用，也不知道如何融入团队。

曹应均也发现了这个问题。如何"对症下药"呢？曹应均想，强党建一定要有抓手，这个抓手是什么？他提出了举办党员沙龙。

以前，很多年轻党员家里发生了什么事情，社区干部都是不知道的，但是通过举办党员沙龙，党员干部保持适度交流，党员的力量就凝聚起来了。于是，每个月的最后一个周五晚上，凤池社区的党员骨干和愿意为村集体做事的骨干人员就会集中开会进行培训，学习怎么服务好群众。

图 2 - 1　青年党员沙龙

"党员沙龙上，有时是我来分享，有时是其他党员来分享。说是培训，其实有时更像是'头脑风暴'，党员抛出工作上遇到的问题，其他党员围绕问题去发散思维。"曹应均说，"从党员入手，体现带头性，之后通过他们来更好地开展工作。"

他是这么说的，更是这么做的。

2012 年 10 月，曹应均发动凤池社区党员志愿服务队启动个案帮扶项目，志愿服务队以小组为单位，结对社区内的弱势群众，每周定期入户探访，帮助他们解决困难。

一位独居老人黎少琼因失足跌倒，住进医院治疗。他了解到情况后，利用休息时间前往医院探望黎婆婆，并向医生详细了解其病情以及医疗费用的问题。黎婆婆很感动，说曹书记就像自己的亲生儿子一样关心自己。

任职第二年，曹应均看到凤池"三旧"改造早期项目暴露出的弊端，便开始谋求更大的发展空间。经过详细考察，他决定与广州一知名的规划设计研究院合作，尝试以社区为主导，由政府提供指导和支持，编制凤池社区的整体城市更新计划。

"当时想用最好的设计方案、最好的材料，让大家切实感受到凤池的变化，但是后来也有犹豫，要不要用这么好的材料，毕竟也涉及村集体资金的使用，我们在征求意见。"曹应均回忆，但是有两件事坚定了他们的信心。

其中一件事就是早期建设凤池社区活动中心时，凤池社区想将名村示范村的奖金 60% 用于装修，便广泛征求意见，结果得到村民的一致同意。

曹应均特意问了村民，为何大家出奇地一致支持。有人告诉他，这钱是投在为群众服务的地方，投入社区活动中心是给群众用的，群众当然支持，如果居委将钱用作居委会办公室装修，说不定就有人反对了。

这件事让曹应均触动很大，"你为群众做事，群众是看得见的。为群众好的事情，再怎么做都不过分，所以下一次我们说要把事情做好的时候，让群众都参与进来，让他们知道这是为他们好"。

大沥实验小学和大沥实验小学附属幼儿园能办在凤池，背后也离不开"一把手"曹应均对民生事业、对人才的重视。2012 年，凤池社区投入 600 多万元提升改造大沥实验小学附属幼儿园的软硬件设施，将原来的教师宿舍和旧课室改建为多功能教学楼，还引进一批先进的国际教具，开设国际班。

"和谐五十一工程"也是在这样的背景下提出的。曹应均认为，社区的干部和工作人员要把社员看成是持有 51% 股份的大股东，认真为社员服务；服务要占工作精力的 51%，剩下 49% 的精力才用于发展经济。

"当初，胡春华书记走访凤池的时候提出要用 51% 的精力做好服务，49% 的精力发展经济，才能走得更快更好，现在看来，确实如此。"曹应均说道。

▍陈伟津　科技创新带动产业提升，推动乡村振兴

2002 年成为凤池村委后备干部时，陈伟津还不会看地图。一张规划图摆在面前，东西南北都分不清，更别提弄清楚村里的物业在哪里。在凤池社区，这样一个懵懂的年轻干部摸爬滚打了十余年，慢慢成长起来。

从打造"永不落幕的交易会"到推进凤池全铝家居展示交易中心建设，他接过"社区书记"接力棒后，凤池的发展也引起了更多人关注。"陈伟津，1978 年出生的年轻人，学历比我高，有冲劲有魄力，又平易近人没架子。"2016 年，陈伟津接任凤池社区书记时，曹应均这样评价他。

陈伟津的冲劲和魄力早在"创文"的时候就表现出来了。面对私自占用巷道，甚至"恐吓"工作人员的村民，他拿着锄头带头将户主违规占道的土挖掉。事后回忆此事，陈伟津比较淡然："党员干部就要敢于站出来。"正是这份敢于担当的魄力，促使凤池的产业不断升级，村民的幸福感、获得感和安全感不断提升。

扎根凤池多年，陈伟津见证了凤池装饰材料市场二期工程的建设，也见证了2013年夏天，首届大沥凤池铝门窗建材博览会的举办。"对接广交会永不落幕展，广佛好产品商通全世界。"从广州滘口沿着广佛公路一路西行12千米，凤池装饰材料市场醒目的标语闯入眼帘。如今，凤池形成了"互联网+专业市场+专业展会+服务"的市场运营模式，一年三展的举办规模，分别对接广州各大展会，展会面积也从最初的30亩扩展到500亩，每年吸引了全国各地的客商、行家前来参展与观展，每一届的成交量也在不断攀升，凤池展会已经成为客商了解铝型材相关产业链发展态势的"晴雨表"和"风向标"。在展会的带动下，凤池装饰材料市场也进一步壮大，如今形成了东、中、西、北四个市场区域，拥有商铺接近1100家。

近年来，在家具行业环保风潮的席卷下，陈伟津推动凤池装饰材料市场走上跨界转型的路子，2018年，打造了凤池全铝家居交易中心，联动各联盟企业成立佛山市南海区全铝家居行业协会，并到广州、深圳、香港开展协会路演活动。同年，助推全国首个全铝家居产业指数"大沥·中国全铝家居指数"发布，签约阿里巴巴1688电商服务中心落户凤池，打造凤池产业生态圈。陈伟津还提出采用"走出去，引回来"的方式，组织市场联盟单位以市场名义参加全国主要城市（北京、成都、南京等）的专业展会，提高凤池装饰材料市场全国知名度，将凤池装饰材料市场打造成为全铝家居最专业的市场目标。

市场和展会的不断壮大，带动了凤池集体经济的发展。凤池社区党委在 2012 年提出"一年一小变，三年一中变，争取五年纯利翻一番"的目标，在 2016 年就提前实现了。

陈伟津认为，在推动经济高质量发展的同时，也需要为村民创造高品质的生活。自 2017 年起，他明确以"敢为人先·和美凤池"作为美丽文明村居建设的特色主题，以创建"五美"宜居生活为目标，大力改善社区生态、人文环境，活化一批古旧建筑，完善并提升一批文体设施，为社区提升乡风文明、文化素养提供了重要阵地。此外，他提出党建引领志愿服务村居建设的构想，为凤池人打造"幸福基金群团创投比赛""凤池社区文化节""志愿者嘉年华活动"，开展一系列"党员+"服务活动，培育出 12 支社区志愿服务队伍，推进社区文化建设与乡风涵养，多方位助力凤池振兴之路。

第二节　一张蓝图如何绘到底

走上领导岗位的干部，都想在任期内干成几件老百姓看得见、摸得着、得实惠的大事，都想在本地的发展史上做出自己的贡献，留下浓墨重彩的一笔。然而，发展始终面临着挑战，一个好的蓝图、规划往往需要好几届领导班子传承接力才能实现。

但是在凤池社区，领导班子为何能贯彻"钉钉子"精神，一茬一茬接着干，将一张蓝图绘到底？又如何干出成绩，让广大干部群众看在眼里、记在心里？

▌凤西往事

20 世纪 80 年代早期，凤池人抓住契机，逐渐形成以"两菜一袋"为代表的农村经济。此后，为响应小城镇建设，凤池政府加快了征地速度以发展经济。

发展经济势必会大量征地，对农民而言，土地是赖以生存的命根，是"奶酪"，而征地开发与农民传统观念和实际利益的冲突，也是农村某些地区不安定的因素之一。

凤池也有这样不安定的因素。

1993 年 2 月以来，大沥凤池管理区凤西村部分村民多次到镇、市、省上访，以土地问题为核心，反映村、管理区干部贪污受贿。省、市、镇领导对此高度重视，组成市镇联合工作组调查和处理。

历时 8 个多月，工作组理清来龙去脉，归纳出 16 个问题并提出建议。其中一个问题就是关于凤池管理区"深水力"30 亩土地的问题。当时，群众反映凤池管理区干部将低价征得的土地以高价卖给个人，从中牟取暴利。

在调查中发现，凤池管理区经济联合社将土地转让给私人，属非法转让土地行为，之后又以弄虚作假的手段骗取国有土地使用权出让合同，属片区土地使用权出让合同的违法行为。

在总结"凤西事件"经验教训时，工作组总结点出："农村某些基层干部有以权谋私、办事不公、办事透明度不够等现象，是诱发农村某些地方不安定的因素之一。"

"信息不公开，村干部做了什么事，村民不知道，有猜疑就有了矛盾。"提起当年的"凤西事件"，梁焕松看得很透。

"凤西事件"像一个导火索，首次将干群关系的不和谐推到了顶点。虽然最后得到了妥善处理，但这次事件爆发后，在很长一段时间内，凤池的干群关系都颇为尴尬。

2004 年，曹应均出任曹边书记，有一次在祠堂开大会，话筒还没举到嘴边，底下就有村民大声说："不要让他讲！他已经被收买了！""没什么用啦，不要听他的。"

"村民对你是绝对的不信任。为什么村民不理解，就是因为他们不知道我们在做什么。"曹应均很感慨。

▌干部抽到了好地方

公开是一剂良药，也是凝聚共识的有效途径。

1993 年，凤池正大搞土地开发，几个村开始整合土地，对宅基地进行了测量定界，确定每一块宅基地的方位面积，并按照规划为村民划分宅基地。根据地形，当时凤东、凤西、小布每家每户可分 80 平方米，西边每家每户可分 72 平方米。

如何保证公平？凤池采用了公开抽签的办法。村民先报名，根据报名情况召开村民大会，选出村民代表，由村民代表准备抽签物样。人数多的村分两轮抽签，第一轮抽顺序，第二轮抽土地；人数少的村则一轮公开抽签。

在时任凤东生产队副队长（相当于副村长）曹满荣看来，这是一次十分公道的决策，干部都没有私心，"我自己抽到的位置都不好"。曹满荣笑了下，因为是绝对的公开透明，所以抽签结果公布的时候几乎没有村民有异议，"这是我参与过的较有成就感的事情之一"。

或许更有说服力的是，当时村里有 3 个村干部抽到了好地方，比如时任凤池书记的欧阳宝崧抽到了实验小学东边那条路，曹应均抽到了篮球场左边的那块地，但都没有村民提出异议。

"因为这是公开的，没有人徇私舞弊。"梁焕松说，"也许是受'凤西事件'影响，从那之后，很多决策都是公开透明的。"梁焕松表示，他接任凤池书记时，基本上重大决策公开已经是工作习惯了。

此前，凤池社区出台了一个关于铺位租金定价的制度。"我们有内部调研人员，调研出市场的平均价，然后征求部分股东代表意见，如果大家认同，就召开全体股东大会来讨论表决，大家都参与进来，公开透明地报价。"曹应均说，这样一来，这个铺位谁租都没问题，因为价格是公开的，"就算我租也没有人有异议"。

2012 年，在考虑如何让凤池社区大量材料装饰市场铺位续租更加公开透明时，曹应均仍要求召开全体股东代表大会，社区监理事会和"两委"干部均参加会议共同确定租金上浮空间以及续租的时间，确保社员利益。

"事情是怎么想的，为什么要这么做，要和大家说清楚。这样的结果就是，大家都知道怎么做。比如牵扯到交易的事情，我们就要以身作则，让干部、村民代表等参与进来，让群众看到是怎么做的，百分百阳光化。"在曹应均看来，凤池之所以能把一张蓝图绘到底，决策公开透明是秘诀之一。"公开和参与，让重大决策最大限度地公开，让相关群众最大限度地参与进来，这样我们就会走得越来越好。"

■"反对派"进了社区

"条件这么好，肯定有内定人选了"，"试试呗，但肯定选不上"，"看看招进去的人，是不是哪个干部的亲戚就知道了"……

2011 年，社区招聘启事公布后，居民大多数呈现"一边倒"的态度，有态度鲜明反对自己孩子报考的，有迟疑观望的，还有恶意揣测的。

当时，有名大学生正好返乡，看到招聘启事准备报考前，他特意向家人了解情况，"你去考吧，但肯定不招你，这么好的条件肯定内定人选了，不过你可以去试一下"。家人对他说。

　　大学生忐忑地报名参加。经过第三方专业测考后，结果公布了，这名大学生入选成了凤池社区一名工作人员。社区居民又开始热议："居然录了他！"

　　"反对派"进了社区当工作人员，这让社区居民大跌眼镜。而在此后的工作中，这名社区工作人员将自己所见所闻慢慢对外宣讲，社区居民也就逐渐理解了。

　　谈及这件事，曹应均至今印象深刻，他回忆起自己任凤池书记时，曾一直不解的一个问题：群众提出诉求，干部分析诉求后对应解决了，但群众还是对干部不信任。

　　怎么办？曹应均提出了第三方招聘社区工作人员。既然群众不理解不认可干部的工作，那就把"反对派"招进来，看看干部到底是怎么做的。

　　"如果不公开招聘，大家会觉得，这么好的待遇一定是有内定的人选了。"曹应均谈到凤池招聘时一脸郑重，"公开招聘，这是第一条铁律"。

　　有人认为，做书记就掌握了社区人事的话语权。在凤池，却不是这样。社区工作人员中，没有一个是曹应均的亲戚。2015 年，曹应均的侄女也应聘了凤池社区工作人员，不少社员都在猜测曹书记会不会帮忙？结果是他的侄女落榜了。

　　"凤池聘请第三方机构公平公正公开选拔人才，我和其他干部坚决不干涉招聘过程。"曹应均说，"引入第三方招聘是提升政府公信力比较实际的办法之一，通过第三方招聘，以前针尖对麦芒的事情就慢慢化解了。最关键是让居民信任你，让居民知道你在做什么，信任你了，就会支持你一起去做。"

在凤池，有大小姓之分，比如曹姓、欧阳姓就是大姓，谢姓、钟姓等就是小姓。但在实际工作中，这种大小姓的概念已经模糊了。如今，凤池社区办公室里什么姓都有，领导班子不管大小姓，只要有才干就可以进来，唯才是举。

"凤池的经济发展这么快，最基层的架构就是经济社，假如这方面不能管到底，对基层管制和人才引进就无法实行下去，我们的目的是将最有用的人才放到基层。"曹应均说，"早期是凤池社区的股民应聘，现在周边的人都来参加，包括社工等，这些都是凤池推进社会治理的人才，他们的晋升渠道也是十分顺畅的。"

有改革才有发展。而改革一条重要的经验，就是善于通过公开的方式吸纳群众有序参与改革、支持改革，从而形成了自上而下与自下而上的改革合力。

▌念好"能人经"

一代人有一代人的使命，一代人有一代人的担当。在凤池，如何让这种使命和担当传承下去？曹应均认为，书记很重要，"书记要有自信，要知道自己在做什么事情，要依托能人效应，把社区事务向规范化制度化转变"。

细数凤池历任"一把手"，从邵满华到刘涛根、欧阳宝崧、梁焕松、曹应均，再到陈伟津，个个是"能人"，他们在上任书记后都充分发挥着"头雁效应"。

　　比如邵满华，大胆支持吴小源开办第一个铝型材厂，拉开凤池开厂搞工业的热潮；比如梁焕松开创性地采用 BOT 模式，以地引资，让集体资产越做越大；比如曹应均将党建摆在首位并将其转变为战斗力，带头推动"和谐五十一工程"建设，解决凤池社区治理难题，让凤池社区全面发展；比如陈伟津推动凤池全铝家居交易中心、大沥·中国全铝家居指数上线等重点项目，推动全铝家居企业和品牌健康持续发展。

　　"我对梁书记最大的印象就是公开、包容。"提及上任书记梁焕松，曹应均有些感慨，"公开这个事比较难，当时对于提拔谁来做书记，凤池刚好在那段时间内是不太好协调的，梁书记借这个契机把社区干部凝聚起来，我也是在那个时候能够充分展现自己的才能，把事情做好，既锻炼了自己又发展了集体。"

　　梁焕松的公开包容对曹应均产生了巨大影响，在他接任梁焕松成为凤池书记时，开班子会议都有些"与众不同"。

　　如果说一般的社区领导班子会议是社区书记的工作部署，那么在凤池则完全调换了顺序。"我都是让参会的人先说，让每一个人都有发言的机会，我先听大家的意见。"在曹应均看来，这样做主要是调动干部的积极性，及时发掘干部的潜能，"人才就是这样锻炼出来的"。

　　在陈伟津接任曹应均成为凤池社区书记前，他总是会看到这样一幕：早上 7 点半，曹应均已经坐在办公室看书了，到了周末，他还在办公室看书。

　　在旁人看来，看书是需要刻意培养的一种兴趣。但在曹应均看来，看书就跟吃饭一样，人不吃饭会饿，人不看书就会不舒服。因为书看得多，所以在与同事探讨社区事务处理时，曹应均常常会引经据典，用很浅显的故事去说明一些道理。

陈伟津印象很深刻，有一次，曹应均提到了《黄帝内经》里的"治未病"理论，提醒他处理事情要在萌芽状态进行疏导，就像治病一样，防微杜渐。"曹书记经常跟我们说要多看书，多创新，他自己以身作则，深深影响了我。"

陈伟津记得，2013年有个经济社因为村民对土地问题不清晰，所以出现了一些不和谐的声音。怎么解决？陈伟津想到了通过直联的方式，他利用工作之余的时间到每家每户听取、收集意见。

有个比喻，调查就像"十月怀胎"，决策就像"一朝分娩"。确实，只有深入基层、了解实情，扎实细致开展调查研究，才能找出问题症结，开出管用良方，才能抓住和解决人民群众最关心最直接最现实的利益问题。

陈伟津这样做了。几个月走下来，问题清晰了，很多困扰事情也解决了，同时他还向村民宣传了土地政策，让群众清晰了解问题症结所在。结合群众的意见，陈伟津等班子成员拟订了一个解决方案，在全民投票表决中，绝大部分的村民都投了支持票。

依托"能人效应"，凤池干部一任接着一任干，一年接着一年干，将20年前的超前规划一一落地实施。在曹应均看来，人民群众对美好生活的需求，就是凤池的发展目标。

"这么多年，几任书记都是这么做的，在原来的基础上不断提升。我们依托'能人效应'，把这种做法制度化规范化。"曹应均说道。

图 2 - 2 大沥凤池社区党群服务中心（《珠江时报》记者方智恒摄）

他记得，在凤池"大清洁"创文活动期间，他以志愿者的身份参加打扫卫生。社区居民见书记拿着扫把扫地，好奇地问："书记，你亲自打扫，是不是有首长要来啊？"

曹应均回答："你们就是首长，村里住着这么多首长，你说我能不亲力亲为吗？"居民听后哈哈大笑并说道："你不是作秀，我们就一起加入进来。"

这件事让曹应均印象深刻。在以往，他深信"火车跑得快，全靠车头带"，但后来，他又悟到了另一个道理：要快速发展，就要从火车变高铁，火车跑得快靠车头带，高铁跑得比火车快，是因为每一节都是动力。

而凤池社区的干部就是要将群众真正发动起来，让群众也成为发展的

"动力"，从而摆脱以往"干部做群众看"的局面，构建共建共治共享的社会治理格局。

▌办一个培训干部的"学校"

在凤池社区，你会发现，很多村的领导班子都是"老带新"的模式，不少退休的书记在村民选举中又重新被"返聘"了回来，担任党支部副书记，比如梁焕松，已退休又被返聘为凤池社区西边党支部书记。

"证明老书记还是得民心的，而且他们愿意发光发热，我们也更喜欢他们来帮我们带班子，带队伍。"曹应均一语中的，"我们为什么愿意用老干部？因为每个干部后面都有一股力量支撑他，才能做起来，我们是想让他那个团队凝聚在一起发挥正能量。"

曹应均打了个比方，"聘用退休老干部，就等于办了一个干部培训学校，人才只会越来越多"。曹应均说，培训很重要，在他任职期间，一年最起码要保证四次培训，"按照年轻干部的需求，给他们培训，进行头脑风暴，激发创意，这样才能保持队伍的学习上进心，才能把工作做得更好"。

一方面返聘老干部，另一方面也注重培养后备干部。

"凤池社区的后备干部培养是很给力的，制度很完善。"在陈伟津看来，历任书记都有各自的特色，也十分注重后备干部的培养，这也是令凤池规划政策一脉相承的重要原因之一。

以陈伟津为例，2002 年，他被充实到社区后备干部队伍中后，社区领导对他充分信任。"直接压担子，相当于我是以后备干部的身份执行干部的工作。"陈伟津回忆。

当时，他分管治安、国土、规划、共青团等，但对各方面的工作都不熟悉。"不懂就问领导，领导就真的是手把手教。"陈伟津说，"比如规划，一张图纸放在那儿，东南西北我都分不清，更别提找物业了。"

回忆起当年，陈伟津有些怅然，"但是书记就很耐心地跟我解释，上北下南，在地图上找关键点，找重要的地方，慢慢地我就熟悉了，图纸一摆正就知道家在哪里了"。

对于招聘进社区的工作人员，凤池也给予了顺畅的晋升渠道，从经济社工作人员，到社长助理，之后到中层，晋升渠道明晰。"社长助理制度试行的效果非常好，在待遇上准备推行基本工资保障＋基本福利保障＋超利润提成模式，激励大家的积极性。"曹应均说道。

第三节 青年"带头人"的崛起

目前，在乡村振兴战略实施的大背景下，全中国都必须郑重思考：如何才能让优秀的年轻人愿意回村？如何才能提升农村党员干部队伍的素质？

问题的答案至关重要，而后备干部"蓄水池"里已有一拨年轻能人的凤池，也许能为这个问题找到一条切实可行的解题思路。凤池，究竟是怎么做的呢？

▌"老村长"不会用电脑

凤西村"能人"曹锐华，因不会用电脑，在处理经济社事务时遇到了难题。

这位年逾花甲的凤西现任经济社社长，属于改革开放后最先走出去的那一批人。闯荡半生的胆魄见识，让他成为村民当中极有威望的一员。

事实上，从还清凤池装饰材料市场二期建设欠下的 1 400 多万元债务，再到发下宏愿"今天来看你华西，明天你们要来看我凤西"，谋划改造村容村貌，他的能力和人气一开始是匹配的。

然而，当时间来到 2010 年，他却被一份普通的"同意户口迁入证明"

难住了，其难点主要体现在开具方式上。此前很多手写盖章即可的证明，都转成了电脑打印版，不会电脑打字的他开不了了。而就在这一年，南海以丹灶、西樵和狮山三镇为试点，建立农村集体资产交易平台，将村（居）全部集体资产和合同纳入平台进行管理。这意味着基层治理随着新技术的出现，又迎来了新的趋势，对经济社管理人员的各种能力也提出了新的要求。

"我办公桌的电脑就是摆设。"2018 年 11 月 12 日上午，在凤西文体楼的办公室内，曹锐华指着一边桌上 19.5 英寸的台式电脑笑着对笔者说道。八年前，互联网带来的冲击让他第一次在经济社社长这个位置上，感知到了自身能力学识不足带来的挫败感。加之近年来年岁渐长，从头学习亦是力不从心，"能人"曹锐华有了些英雄迟暮的苍凉感，不禁发出了自嘲式的感叹："这把老骨头跟不上时代了。"

无独有偶，当时凤东、西边、小布的经济社社长，也同样因为电脑知识匮乏在工作上受到了挫折。"不懂电脑操作，处理村务时很头疼。"西边经济社社长陈灿安回忆道。这样的窘境，要怎么破解？凤池首先想到了起用年轻人，率先在凤东经济社试水提拔大学生来做社委委员。

现任凤池社区党委书记陈伟津对当时的情况记忆犹新。那时候，凤池是把大学生请回来了，但由于"新来的年轻人"对村里的产业、管理机制及村民的想法都不够了解，工作方法也就不那么合村民的胃口，在换届选举时直接就落选了。"经济社班子成员的选举由村里 18 周岁以上的股民投票选出，他们对领导者的认可度，直接就反映在选票上。"陈伟津说。

"老村长"无论是知识水平还是业务能力，都渐渐跟不上时代前进的步伐了，而破格录用的年轻人，却苦于没有群众基础得不到村民信任。凤池面临着经济社"领头人"老化且后备人才储备不足的双重困局。

其实，彼时凤池的困惑，此时中国大部分地区在农村治理的过程中也遇到了。

2018年夏天，《瞭望》新闻周刊的记者在走访全国多地农村调研后发现：村级"领头人"队伍年龄老化、文化低化等问题突出，导致乡村综合治理能力整体较弱，是当前中国大力实施乡村振兴战略的一大制约因素。

根据他们呈现出来的调研报告可知，山东、辽宁等地很多村支部书记一干几十年；河北省2016年对13个乡镇276个村的解剖分析显示，55岁以上的村书记占46%，60岁以上的占26.9%。陕西镇安县154名村书记中，35岁以下的占2.6%，60岁以上的占31%。即便在相对发达的北京、广东等地区，老龄村支书占比依然不低。

村级"领头人"结构老化，知识水平不高，带来的后果是治理思想保守、带富能力不强、推进工作效率不高等一系列不容忽视的问题。例如，在传达十九大精神时，有的村干部"只能领读、无法解读"。

同时，他们发现，农村干部队伍还存在后备人才不足的问题。在内蒙古鄂尔多斯市，多年来流传着"能人进市场，青年进工厂，毕业生进城市"的说法。《瞭望》新闻周刊记者走访多地多村也看到，村"两委"班子中鲜有年轻人，并且农村"人才"长期处于净输出状态，导致后备队伍建设接续乏力。

所谓火车跑得快，全靠车头带。如今，乡村振兴战略的提出对农村提高社会管理和服务水平又提出了新要求，但基层行政管理工作力量明显不足，感觉是"老马拉重车"。

经济社来了年轻人

"不服老不行！学历又低，比不上年轻人了。"当年，在电脑操作这件事上受到打击的曹锐华，到凤池居委会开会时提出了"招助理"的想法。

集体资产日渐庞大的凤池，最基层的架构就是经济社。假如管理和人才"到不了底"，后果很严重。"把最有用的人才放到基层去。"现任大沥镇党委委员、当时的凤池党委书记曹应均当场表示支持。因为他清楚地认识到，经验丰富、群众基础良好的"老村长"，在现代化的管理手段面前难免力有不逮。而年轻人虽然文化水平比较高，但直接提拔的做法已经实践过，是行不通的。所以，不如聘几个年轻人，让他们在全方位参与经济社管理工作的同时，学习"老村长"的管理经验，也拉近与村民之间的关系。

实际上，在曹锐华主动提出之前，曹应均就已经在准备为四个经济社的社长配助理。"虽然订了计划，但我们觉得应该让经济社社长自己提出来，以免让老社长觉得助理是派去监督他们的，进而认为我们不信任他们。所以，我们就在平常工作中不时提醒，让他们意识到不会用电脑其实是可以找帮手的，有些不懂的事也可以让帮手去做。说实在的，我们做了很多铺垫，最终才引导他们主动说出了这个需求。"曹应均感慨地说。

就这样，在 2010 年，为破解农村集体经济管理中遇到的人才、技术等难题，凤池社区在南海区率先试水，为经济社社长聘请助理。

"考题很难，有行测和申论，跟公务员考试差不多。感觉很公正也很规范。"2018 年 12 月的一天早上，在凤西文体楼办公室，笔者遇到了正坐在电脑前整理文件的曹肇铿，他正在为当天下午即将要召开的股东大会做着准备工作。他透露，会议主要是为了响应大沥镇"三清三拆三整治"工作的相关要求，讨论凤西下一步的落实方案。当年他顺利通过了第三方组织的笔试、面试等招聘流程，成为凤池首批 4 名社长助理之一。

这位年轻的凤西经济社社委委员，在 2016 年的集体经济组织换届中成功晋升时只有 29 岁。在社长助理岗位上历练多年的他，讲起经济社的事务来头头是道。

"社长助理什么都得干，大到凤池铝门窗五金门业博览会如何变革，小到村里围栏破损、路灯破碎如何解决，可谓是经济、消防、治安、执法、妇女、计生一件不漏。"曹肇铿坦言，成为社长助理的这些年，做人做事变得越来越细致了，思想也越来越成熟了。

虽然是土生土长的凤池本地人，但常年在外求学工作的曹肇铿，刚回到经济社工作时也曾"水土不服"。这其中，有一件事让他至今印象深刻。原来，当时村里一位 70 多岁的孤寡老人逐渐丧失了自理能力，经济社便决定把他送到敬老院去接受专业的陪护，上岗不久的曹肇铿被指定为这项决定的直接执行人。"第一次上门就吃了闭门羹。后来，老人还得了白内障，住院治疗期间脾气很大，常常把我骂得狗血淋头。"曹肇铿想起当时的情景，叹口气笑了出来，功夫不负有心人，他最终用耐心卸下了老人的心防，愿意住进敬老院了。

"你做了什么，村民都看在眼里记在心里。"当选凤西经济社社委委员之后的曹肇铿，更加明白了肩头的责任。

与曹肇铿有点不同，1985 年出生的小布经济社社长助理徐丽青，2014 年 7 月正式入职后只分管行政、妇委、计生等方面的工作，不需要面面俱到。消防、治安、经济、美丽村居建设等方面的事务则由另一名社长助理李浩津负责。

但事实上，她与曹肇铿所做的工作多数时候又没有什么不同。"社长助理什么事都要管，村民家里爆水管了，或者不见了一只鸡，都会过来文体楼找社长。这些事派我们去一般都能解决。但比较难的事社长就会带着我们一起去。"几年下来，徐丽青已经把小布家家户户的情况都摸熟了，经济社里上至 80 岁的老者下至刚出生的孩童，她都了解得清清楚楚。

"他们是我的左膀右臂"

从 2010 年至今，凤池共招收了 11 名经济社社长助理，除了 3 名离职者外，目前凤池四个经济社已培养了 8 名年轻的"接班人"。

作为社长助理制在凤池实施的决策者和推动者，曹应均对现阶段取得的成效感到很满意："这些高学历的年轻人不仅继承了经济社社长在工作中积累的丰富经验，而且很好地弥补了他们在年龄与学历等客观因素上的不足，从技术和理念等层面为经济社社长提供很大辅助。"他觉得实施社长助理制这些年来，各经济社的社务工作都变得更规范、完善和高效了。

就在见到曹肇铿的同一个早晨，脚步匆匆的彭钻芬正带着工作人员巡查凤池装饰材料市场。这一天，她既要留意那些新承租的商铺在装修时有没有违反规定，还要落实商铺租金收缴的相关事宜，同时也要看看市场内有没有安全隐患，一天的行程几乎都排满了。

彭钻芬是凤西的另一名社长助理，比曹肇铿大三岁的她，2012 年 8 月才正式入职。在那之前，她在附近一家大公司的行政管理岗位上工作了十年，因为大公司要搬迁到狮山，不想离家太远的她选择辞职回到凤西工作。"主要是孩子还小，想多点时间照顾家里。"

然而，社长助理这份工作却没有她想象中的那样轻松，离家更近的她反而回家更少了。

2012 年 9 月 11 日，凤池装饰材料市场与开发商的合作年限到期，凤西选择收回市场自行管理。刚刚上任不到一个月的彭钻芬，被委以重任，正式接手市场的管理工作。

"千头万绪，乱糟糟的，有凤西集体物业，还有居委会和私人的物业，200 多个商铺的管理问题很是繁杂，但什么规章制度都没有，也没有经验可以借鉴。"这其中，当数租金收缴和物业费收取环节最为棘手。想起当时的情形，彭钻芬感慨良多，"当时有一个租户过来交租金，由于市场才刚收回来，各种程序都还不规范，无法立刻把收据开给他，这个租户直接就摔东西发脾气了，唠叨了我们一个多小时"。

彭钻芬说，由于市场收回来之后，硬件设施方面都做了提升改造，还设了门禁和视频监控系统，所以租金也相应提高了。"当时很多租户对此表示不满，对我们的态度非常不好。比如有的人就故意选在我们即将下班的时间点才来办事。"

凭借多年的行政管理经验和一股不服输的韧劲，她决定从管理制度着手解决这些问题。租金、物业费环节争议多，她就严格按照合同来规范，不按时交费的便遵照合同规定的处罚方式对其进行处理；租户不按理出牌，她就领头制定了完备的市场管理制度，使得今后的管理有章可循；甚至，她还制定了物业管理处员工管理制度，上下班时间和工作规范都做了明确规定。

"他是一个很有魄力的人。我们整个团队相处时没有上下级之分，虽然很累但做得很开心。"彭钻芬坦言，社长曹锐华在她开展工作的过程中给予了很大帮助，也给了她很大的自由去发挥自己的才能。比如门禁视频系统的安装，曹锐华在听完她的方案之后告诉她："这个想法很好，你尽管着手去做。"

"她是我们市场管理的拓荒牛，属于我的左膀右臂。"对于彭钻芬这些年的工作表现，曹锐华赞赏之意溢于言表。

实际上，在与曹锐华相处时，曹肇铿也会表现得很放松。在日常的经济社事务处理过程中，曹锐华常常会给他解答疑问，也教给他不少处事经验。比如在 2015 年年初，曹锐华到华西村考察回来后提出要将村道铺成柏油路，有一部分村民提了反对意见，因为他们觉得沥青有辐射，怕对身体不好。"那时候，社长就从宣传入手去改变村民观念，讲科学摆道理最后让大家都信服了。他的想法和为人处世的方法都值得我们好好学习。"曹肇铿说。

"他很有担当，也很有责任心，村民有问题都愿意找他。可以说，他现在是我们年轻一辈的带头人了。"这是凤西社员曹健锋对曹肇铿的评价。未雨绸缪，方可无忧。在积极引导年轻人参与经济社管理，发力探索社长助理制度的这些年，凤池建立起了基层治理"后备人才库"。

或许，往后凤池开展社长助理招聘工作时，曹肇铿也会坐到面试官的席位上，迎接经济社的新一批年轻人到来。

■"社长助理"模式将在南海推广 *

早在 2015 年，大沥大镇社区就借鉴了凤池经验。由《南方日报》刊发的一篇题为"大沥试水五年的'社长助理'模式或被推广"的文章得知，这个与凤池相隔 6 千米左右的社区，在当年 9 月进行了社长助理招聘考试，并在 10 月 1 日正式完成交接。

与凤池有所不同，大镇的招聘条件很特殊，即报考者必须持有会计资格从业证书。原来，在招聘社长助理之前，大镇 11 个经济社都有个让他们头疼的问题：财务员的年纪普遍比较大，甚至有的已超过 70 岁，他们经常"踩着单车去收租，挂着环保袋去银行提钱"。这种情况下，大镇亟须为财务人员队伍招揽新人，招一些懂电脑，能协助社长处理文书方面工作的年轻人。

那次招聘，大镇对 11 个经济社的财务人员实施了"换血工程"。由于在大镇，凤池经验被结合实际情况做了调整，所以社长助理在大镇的确切身份叫"财务兼助理"。

"接下来，我准备在大沥全面铺开社长助理制，根据实际情况寻找更多有意愿、有需求的社区来灵活探索社长助理模式。"亲自见证了社长助理制实践效果的曹应均如此说。

* 本部分写作参考了《瞭望》新闻周刊 2018 年 5 月《选优配强村支书队伍》、《南方日报》2016 年 4 月《大沥试水五年的"社长助理"模式或被推广》、《南方日报》2018 年 8 月《大沥凤池经济社年轻人"晋级记"》等相关文章，特此鸣谢。

实施乡村振兴战略，是党的十九大作出的重大决策部署，是决胜全面建成小康社会、全面建设社会主义现代化国家的重大历史任务，是新时代做好"三农"工作的总抓手。

2018 年 7 月 24 日，南海区召开全面深化改革暨乡村振兴工作会，会议印发了《中共佛山市南海区委佛山市南海区人民政府关于推进乡村振兴战略的实施意见》（以下简称《实施意见》）及系列配套文件，全面贯彻落实十九大提出的"实施乡村振兴战略"精神。

根据实施意见，南海将按照"3 年取得重大进展、5 年见到显著成效、10 年实现根本转变"的要求，全面实施乡村振兴战略，着力推进乡村的产业振兴、人才振兴、文化振兴、生态振兴、组织振兴等。最终实现农业强、农村美、农民富，切实提升农民的获得感、幸福感、安全感。

其中，"探索建立经济社社长助理制度，加快青年人才成长"被写入了《实施意见》的人才振兴部署。与此同时，南海还将全面开展乡村振兴政策制度体系建设，拟修订、出台《关于加强村（社区）干部队伍建设推进乡村人才振兴的实施意见》《关于进一步规范南海区经联社社委成员年度收入及绩效考评的意见》等政策文件。

究竟要如何培养提升农村党员干部队伍呢？对于集体经济体量庞大的南海而言，问题的答案至关重要，而村长助理制在凤池践行，或许已经为这个问题找到了一个切实可行的答案。

第四节 赢在起跑线上的凤池下一代

"让农村孩子接受城市教育。"这并非是口号，因为南中国一个面积只有 1.45 平方千米的小村庄在九年前就实现了。

曾经，这个名叫凤池的小村庄只有一所默默无闻的"薄弱"学校；如今，却拥有了两所广东省一级学校，教育品牌远近闻名。有媒体甚至称其中的一所为魔幻学校："普通学生进去，出来个个是内外兼修、气质不俗的栋梁青苗。"

这种跨越式的发展奇迹，究竟是怎么创造出来的？

▌ 消失的凤池小学

当时间踏入 1998 年的节点，在素质教育全面推进，改革如火如荼逐步深化的大背景下，广东省的中小学教育也进入新一轮快速发展的轨道。

当时，素以敢为人先的胆识和气魄闻名的南海，开始大规模改造薄弱学校。其中，撤并规模过小的学校，调整办学布局是"改薄"的重点。而偏于一隅的大沥镇凤池小学也被列入了农村小学"改薄"对象。

也是在那几年，经过近十年高速发展的凤池，真正地实现了富起来。这其中最直观的体现，是投入超 2 亿元资金建成凤池新区，六百多间新式楼房已拔地而起，村里大小道路相通，处处都亮起了灯光。

"改薄"是凤池实现教育腾飞的一个契机，时任凤池村委书记的梁焕松立刻意识到了机遇的重要性："我们在 1995 年就留出了一块 35 亩的地准备建凤池小学。趁着被列为薄弱学校的时机，凤池拿出了 1 000 多万元，开始在新址建小学，当时把新学校的名字定为大沥城区第四小学。"

虽然学校已经开建，但凤池村委领导班子还在犹豫，因为如果仅凭凤池的力量去维持这所新学校的运转，有些吃力。所以，他们开始思考新学校如何办才能在提高办学质量的同时，实现经济效益最大化，达到"以学养学"的目的。"当时我还跟大沥镇教育办公室商量，询问可否划一个角出来经营，以地养校，这样学校就没有负担了。"现任大沥镇党委委员、当时的凤池村委会"两委"干部曹应均回忆道。

得知凤池的考量之后，时任大沥镇教育办公室主任的叶满潮哈哈大笑，并给他们提了一个建议：不如与大沥镇政府合作，共建一所"公办民助"性质的、高规格的大沥实验小学，面向更广阔的区域招生。

当年，桂城也在建南海实验小学，顺德、三水都已经有实验小学。凤池村委领导班子决定先去考察学习，曹应均也一起去了，"去云浮新兴县实验小学参观交流之后，我们就下定决心要办了。因为云浮作为经济欠发达地区，都那么重视教育，眼光能够放那么长远，我们感觉很震撼，同时也深深地认识到了教育对一个地区发展的重要性。凤池出钱也出地，占股八成；大沥镇政府出了 500 万元，占股两成；南海区也补贴了 100 万元"。

喊着"让农村的孩子接受城市的教育"这一口号，环境优美且功能齐全的大沥实验小学在 2000 年 8 月正式诞生了。这所崭新的学校，不仅教室全部配备了多媒体教学平台、实物投影仪，还建有多功能室内体育馆、国际标准的自动循环消毒室内游泳池和公寓式的学生宿舍，计算机信息中心、办公 OA 系统也全部一次性搭建完成。师资配备的力度更是前所未有：开办第一年共有 42 名教师，这其中包括从凤池小学挑选的一批优秀教师，从大沥镇优秀教师中抽调的一批教师，及面向全国招聘的一批优秀教师，所有教师人手一台办公电脑。

这种大手笔投入的背后，是这所学校特殊的模式所决定的。

这是首个由经联社和教育局合办的学校，学校实行董事会领导下的校长负责制，股东分别由大沥镇的投资公司、凤池社区的书记、大沥镇教育局的代表及校长代表组成。董事会主要负责学校的发展方向和经费投入，把握这两个大的板块。学校的具体运作，则交由校长负责。

▌让农村孩子接受城市教育

然而，想让农村的孩子真正享受到能与城市比肩的优质教育，光有硬件和师资远远不够。用时任南海市副市长区邦敏对南海实验小学、石门实验学校和大沥实验小学这 3 所南海首批实验类学校的说法来一言概之，就是："没有经验可循。"

诚然，大沥实验小学确切的方向在哪里无人知晓，只能摸着石头过河。这时，刚带领奇槎小学成为"佛山开展素质教育的一面旗帜"的许贤苏，接下重担，来到了大沥实验小学担任校长。在迎来了施展教育才华抱负的崭新舞台的同时，他也面临着前所未有的挑战。

　　进入 21 世纪，社会发展日新月异，孩子们对教育的需求已经从"有学上"转变成了"上好学"，从单一的学业取向转变为多元的价值取向。许贤苏及其团队反复研究：办什么样的教育，才能适应群众对优质教育的要求？生活在 21 世纪的孩子，应该要具备哪些素质才更有竞争力？他们到名校交流取经，也翻阅了很多经验材料，吸纳了不少先进的做法。

　　十九年前，在大沥实验小学开业庆典上，许贤苏提出创办品牌学校的口号，并开创性地提出：个性是品牌的生命。

　　人无我有，人有我优，人优我特。"我认为，办学有特色，就像企业有拳头产品一样。企业有了拳头产品，才能独树一帜、占领市场。"许贤苏侃侃而谈，办学有特色，科研有成效，能给学生和家长极大的实惠，给教师极大的发展，这是他心中关于名校的概念。

　　随之，气质教育这一源于许贤苏的教育理想，便澎湃而来：把学生培养成有家国情怀、有世界眼光、有创新精神、有领导能力和有气质的现代人；尊重学生的选择，尊重学生的发展，把学生培养成个性鲜明的具有创新精神和实践能力的人。从此，大沥实验小学被赋予了"灵魂"，犹如画龙点睛。

　　渐渐地，气质教育成为大沥实验小学的一张闪亮名片。许贤苏说："气质教育是素质教育的一种形态，它指在教育中要将学生培养成由内而外、内外兼修的人才。"

　　那么，气质教育究竟怎么践行？主要通过实施"一四九"工程，使学生的综合素质得到提高，个性气质得到培养。一种形象：有气质的现代人形象；四个习惯：自觉的学习习惯，"大成"的思维习惯，绿色的生活习惯，关注世界的习惯；九项素养：能说一口标准的普通话，能说一口流利的英语，能演奏好一种乐器，能画一幅好画，能写一手漂亮字，能掌握好一项健身技能，能掌握一些信息技术基本技能，能掌握一定的科技探究方法，能具备一定的领导才能。不仅学生有培养方向，教师气质的养成也有明确的目标。气质学生和气质教师，加之气质课堂，气质校园，气质家庭与气质家长的打造，就是整个大沥实验小学的气质目标。

图 2-3-1　大沥实验小学（《珠江时报》记者方智恒摄）

与此同时，大沥实验小学在办学之初就确立了"科研强校"指导思想，以期做到"科科有课题，人人有专题，人人出成果"。此外，英语教育也是大沥实验小学的一大特色，"按照国家教育部安排，三年级才开始设立英语课，一周只开三节。但我们在办校之初就决定，从一年级开始开英语课，而且每周课程要增加到五节。并使用与香港同步的朗文教材，还聘请了多位外籍教师教授纯正的英语"。许贤苏说。

图 2-3-2 大沥实验小学（《珠江时报》记者方智恒摄）

得益于这样全方位的宏图伟略，大沥实验小学实现了飞跃式的发展，其在 2001 年被评为"佛山市一级学校"，紧接着第二年就被评为"广东省一级学校"。仅仅两年时间，它就从一个昔日的农村改造薄弱学校发展成为现代化示范性窗口学校。

这所学校究竟牛到什么程度？以下三个维度或许能在一定程度上体现出来。

第一是教学科研成果频频得奖。2017 年 12 月 4 日，由广东省教育研究院举办的中小学特色课程建设优秀成果评选结果出炉，大沥实验小学特色课程建设方案《"气质教育"特色课程建设方案》获二等奖，《国际理解教育课程建设方案》获三等奖；特色教材《开心发明》获一等奖，《我有气质我快乐》获三等奖。而由许贤苏主持的项目——"美育型校园文化的构建"则获得了 2017 年广东省普通教育教学成果一等奖。

第二是学生考试成绩持续保持领先。2018 年，大沥实验小学六年级参加全镇综合能力检测时，语文平均分 90.6 分，历年最高；数学平均分 98.4 分，近四年最高；英语平均分 103.9 分，历年最高。语数英三科总分超大沥全镇公办学校平均分 37.5 分。

第三是学校教师荣誉不断。"学校的每位教师都不甘当教书匠，努力做教育家。"在大沥实验小学任教多年的赵婕好，从一个普通的语文老师成长为佛山市名班主任、南海区十佳班主任、第四届广东省班主任专业能力大赛一等奖的获得者，这离不开她自己的不断学习，也离不开大沥实验小学这个平台的造就。"我们学校的老师是拿奖专业户，得了一等奖以下的奖项他们都不好意思跟我说的。"谈起学校的老师们，许贤苏显得豪情壮志。

素质教育还得从娃娃抓起

小学上了轨道后，专管教育工作的曹应均又开始谋划下一步。"办学不能只办小学。"曹应均心想，幼儿园、初中办不办？他看得更远一些：要提升凤池人的素质，必须从娃娃抓起。幼儿园一定得办，赚不赚钱不重要，培育人才最重要。

于是，曹应均提议，将原来凤池小学的 10 亩地，改造成幼儿园。

谁来当领头人？这个问题曾让曹应均很困扰。一次偶然的机会，他来到大沥实验小学主任办公室，在办公室遇到孔秀玲，一筹莫展的他问道："秀玲，你有没有好的园长人选推荐给我啊？"

孔秀玲心想："这不正好问到我头上么？"于是她大胆自荐："你不需要到处找，我就可以。"

"你是教小学的喔！"

"那你可以看看我的档案，我是学前教育专业毕业的，曾经在大城市的机关幼儿园做了 5 年老师。"

任人唯贤。曹应均当即出了一道考题："如果你自荐，给我一份计划书，我给你一块地，你怎么规划？"

随后，离开幼教领域六年的孔秀玲，用一个月时间做出了一份长达 40 页的综合性发展规划，大到幼儿园的创办理念，小到要配备多少个班、课程如何定位等事项应有尽有，"大沥实验小学附属幼儿园的一整套体系，都囊括其中了"。

图 2-4　大沥实验小学附属幼儿园（《珠江时报》记者方智恒摄）

孔秀玲和她的计划书都得到了认可。"开园前，我们就定下目标，要把大沥实验小学附属幼儿园建成佛山最好的幼儿园。"2002 年 3 月 22 日，与大沥实验小学一脉相承，由凤池村委会出资、大沥镇政府牵头的"公办民助"性质的大沥实验小学附属幼儿园建成了，管理模式是董事会领导下的园长负责制，与大沥实验小学的管理制度属于"两个班子一套人马"。

新建成的大沥实验小学附属幼儿园拥有园林式的育人环境，小桥流水树木成荫，运动场、攀爬区、电脑室等设施一应俱全。在师资配备上，则采取高准入制度，教师最低学历要求是大专。

"并不是每一颗种子都可以长成参天大树，但花草也有它的价值和贡献。"秉着培养健康快乐自信有礼的世界儿童的育人理念，大沥实验小学附属幼儿园坚持因材施教，尊重幼儿个性发展，并将"双语一机 + 艺术"确定为办园特色。

如果在 12 月的最后一个星期，你走进大沥实验小学附属幼儿园，你会看到这样的场景：孩子们正在排队买电影票，并用英语大胆地与"售票员"交流着，买好票之后的他们还要学习怎样"对号入座"。那其实是幼儿园开展的快乐双语卡通电影周，也是该园双语教育活动中的一个缩影。

此外，大沥实验小学附属幼儿园的教师们也有提升计划。"最远的去过日本培训，近的去过上海北京等幼教前沿阵地，我曾经去过美国、英国学习。"孔秀玲认为开园 17 年来附属幼儿园的教师队伍一直很稳定，最大程度上要归功于他们有成长和上升的渠道。

如此，一开始就被寄予厚望的大沥实验小学附属幼儿园，在 2004 年 6 月就被评为广东省一级示范性幼儿园，此后便沿着"广佛黄金走廊"在南粤大地绽放光彩。

▌凤池走出的大学生又回来了

就这样，曾经以种西洋菜闻名的小村庄凤池，拥有了两所省一级学校。

凤池人真正地实现了"让农村孩子接受城市教育"，而且是免费、无门槛的优质教育。"读完六年，可以省 20 万元。"许贤苏介绍，大沥实验小学很受欢迎，每年招生时都有 3 000 多人报名，但往往只能录取 100 多人。凤池股民的孩子是不需要面试的，并且只需交住宿费、伙食费即可。

同样的，大沥实验小学附属幼儿园的学费亦是不菲。如今，常规班每月的收费标准是 2 800 元，但凤池股民的孩子每月只需要交 198 元。

"应羡凤池人，免费上学堂。"这是一名非凤池股民的家长发出的感叹，想必也是其他所有非凤池人的心声了。

属于大沥实验小学第一届毕业生的凤池股民曹永坚，2011 年从华南农业大学珠江学院毕业，在广州一家食杂公司工作一年后选择回到家乡凤池工作，现在已是凤池社区居委会的中层干部。这些年，他被"委以重任"，除了财务、消防、执法方面的工作还没做过，社区其他方面的情况都摸透了，名副其实属于社区工作的中坚力量。

2019 年 1 月的一天下午，笔者在居委会见到他时，他刚从凤池装饰材料市场匆匆赶回。那段时间，他正忙于就新制订的市场商铺续租方案与租户交涉，在传达相关变化与条件的同时，也要将各租户的需求和意愿回馈到社区财务部门。

曹永坚从学前班到五年级都在凤池小学就读，六年级时才搬到大沥实验小学，虽然只有短短一年时间，但谈起大沥实验小学，他仍显得兴致勃勃："当时最大的感受是接触到的人不同了。以前同学都是村里人，到了实验小学就多了来自不同地方的人，他们的父母多是公务员、教师或者生意人，这一拨人学习成绩普遍很好，谈吐见识也跟我们不一样。"一年的大沥实验小学求学生涯，其实对曹永坚的人生影响颇大。古语有云："近朱者赤，近墨者黑"，沐浴在"高大上"的校园文化和身边同学散发出来的别样精气神中，他的目光离开了村里的"一亩三分地"，投向了更广阔的远方。

而走出凤池又再回到凤池的曹永坚，早已不是那个会暗暗不服又暗暗羡慕那些"城市"同学的土气小子了。事实上，曹永坚之所以选择回到凤池，除了有合适岗位和离家近的客观原因，还有一个重要考量："现在很多人为了让孩子接受优质教育拼了命地往大城市挤，为了一套老破小的学区房节衣缩食甚至背负高额房贷。而我不需要去挤，在凤池我的孩子就能够读到很好的学校，而且还不用花什么钱。所以，我就毫无压力地回来了。"彼时，曹永坚5岁的儿子正在大沥实验小学附属幼儿园国际班就读，说起英语来比他这个当爹的还要溜。

无独有偶，同在凤池社区居委会工作的曹泳仪，也曾在大沥实验小学就读。她在大学毕业后也选择回到家乡，如今已在社区事务的处理中独当一面。而她3岁的儿子，也正在大沥实验小学附属幼儿园就读。近年来，凤池每年都会设立相应岗位，面向本地大学生开展招聘，引导优秀人才回乡工作。在离家近、环境美、孩子读书方便等种种因素的影响下，越来越多像曹永坚、曹泳仪这样的年轻大学生选择回到凤池发展。

谈及教育对凤池的影响，扎根凤池社区工作多年的曹应均深有感触："我们招聘工作人员的条件是 35 岁以下，大专以上学历。现在只要招聘公告一发出，一定会有源源不断的人来报名。这说明我们村民的整体教育水平有了很大提高。"

大沥实验小学及其附属幼儿园建起来的这些年，究竟对凤池产生了什么样的影响？近五年来凤池股民考上大学的人数比例或许更能直观体现出来。根据凤池社区统计数据可知，1996 年至 2000 年凤池股民新生儿人数共有 112 人，假定他们全都是 7 岁入学接受义务教育，那么 2014 年至 2018 年就是他们参加高考的年份。而在 2014 年到 2018 年这五年间，凤池股民考上大学的人数共有 81 人。也就是说，凤池近五年考上大学的股民比例超过了 72%。这个比例由于无法获得 2014 年至 2018 年凤池确切参加高考人数的缘故，或许会与真实情况有些许出入，但相信误差不会太大。

实际上，发展到今天的大沥实验小学及其附属幼儿园，已兼具了"育人"和"引人"的双重属性。

▌同股制度留足孩子上学钱 *

今年 14 岁的欧阳烨臻是凤东经济社的小股民。2018 年，他以优异的成绩从大沥实验小学毕业了。

---

* 本部分写作参考了《中国教育报》2016 年 9 月《气质：新时代教育生态的守望——广东省佛山市南海区大沥实验小学气质教育模式纪实（上）》等相关文章，特此鸣谢。

目光笃定而自信的他，一派儒雅的小大人气质，笑起来两颊有可爱的小酒窝。在大沥实验小学就读期间，他成绩优异，还曾荣获"南海区优秀学生"，英语更是他的强项。

平时有很多同学都来问他："为什么你学习那么好？"他每次都像个小大人似的耐心回答："其实我没有什么秘诀。只要你有端正的学习态度，有正确且高效的学习方法，并且懂天才是百分之一的灵感加上百分之九十九的汗水，勤奋学习，那么你的成绩也可以变得很好。"

学霸欧阳烨臻不仅成绩好，他还是一个积木拼装"小达人"，且是世界足球的忠实粉丝。对于学习，他有自己的独特见解："我觉得成绩的好坏与课余生活没有直接联系，只要你能协调好两者。那么，你既可以在学校做好学生，又可以在家里做'洒脱'的自己。"

这么有"气质"的孩子，其实只是如今凤池许许多多孩子中的一个代表，他们父辈的远见卓识，终究成就了一代又一代卓越的他们。而当"欧阳烨臻"们成长为"曹永坚"们，成就更辉煌的凤池又有何难。

如果说让下一代享受免费的优质教育显示了凤池的远见，那么大人小孩同股制度则真正体现出了凤池对下一代的拳拳爱护之心。

1993 年 8 月 31 日，南海市委市政府发布《关于推行农村股份合作制的意见》，正式在全市农村范围内推行股份合作制。当时，南海大多数村集体都选择了按年龄来划分股权权益，一般每人分得一股，16 岁以下未成年人分得半股。大沥镇盐步社区于 2016 年 7 月 21 日表决通过的新股份章程也规定得很详细：统一设置为满股 1.5 股，0 至 16 周岁以下股民享受满股当中的 0.5 股股权权益；16 周岁以上（含 16 周岁）至 30 周岁以下股民享受满股当中的 1 股股权权益；30 周岁以上（含 30 周岁）至 50 周岁以下股民享受满股当中的 1.3 股股权权益；50 周岁（含 50 周岁）以上享受满股当中的 1.5 股股权权益。

但是在凤池，无论什么年龄段的股民，股权权益都确定为 1 股。为什么这样规定呢？梁焕松记忆深刻："因为我们觉得，培养小孩子是最花钱的，他们要读书、要成长，所以小孩子的股份应该跟大人一样。"

同股制度放到现实究竟意味着什么呢？凤池社区 2018 年两级纯收入 1.5 亿元，人均分红 3.2 万元，也就是说，六年级刚毕业的欧阳烨臻，一年可以分到 3.2 万元，这或许比很多普通工薪阶层工作一年的工资都要多了。

此外，凤池从 2007 年开始设立文化发展基金，每年对符合条件的应届高考、中考学生以及获得省、国家级文体学术类奖项的学生进行表彰奖励。为进一步扩大受惠面，增强社区大学生的凝聚力和归属感，为社区人才培养奠定基础，2018 年凤池又新制订了《凤池社区在校大学生奖学金发放方案》，并在当年 9 月 1 日起正式实施，对符合条件的研究生、普高本科生、普高大专生发放 1 000～3 000 元/人/学年的奖励，对高考成绩优异生最高发放 6 000 元/人/学年的奖励。

当然，对于提升成年人的素质，凤池也从未松懈。随着股民分红的逐年攀升，难免会出现一些懒散的"食红族"。于是，凤池又开始组织一系列技能培训，从电工、营养师、月嫂再到舞蹈、绘画，可谓是用心良苦，当然也得到了良好反响。

"我们不用交学费的。" 1973 年嫁到凤池的李渐想，经历过凌晨 3 点割西洋菜的苦日子，同笔者说到凤池的两所学校时，显得舒心极了，满满的自豪感几乎要从她那满是皱纹却装满了笑意的脸上溢了出来。是啊，有什么理由不暗爽？

结语

人才兴则乡村兴，人气旺则乡村旺。

站得高才能看得远，看得远才能走得快。凤池之所以发展得快，发展得好，超前规划的历史不可复制，但更关键的是，凤池没有浪费这积淀下来的好家底。从每一位能人书记的从政理念中都可以看出，凤池这张蓝图规划被很好地延续执行着。而这背后与两个因素有关：领导班子的"头雁效应"以及不断完善的人才培养晋升制度。

乡村振兴，最核心的管理人才是村支委和村委会干部队伍，尤其是"一把手"。无论是敢"吃螃蟹"的梁焕松，坚持党建引领的曹应均，还是跨界创新玩转展会的陈伟津，他们每个人身上都有闪光点。能人效应推动着凤池社区蓝图规划的一步步落实，而社区人才的"不断层"则给凤池社区发展注入不间断的活水动力。

2000年，凤池提出要培养储备"后备干部"。但如何进一步吸引能人并将其留在凤池社区？凤池想出了以下方法：通过第三方招聘，保证了制度的公开、透明；社区干部学历提升计划则进一步强化了晋升渠道；创新招聘"社长助理"，以"老带新"的模式引领社区大步阔进。

凤池还一直注重人才素质的培养。在凤池社区，流传着这样一句话："应羡凤池人，免费上学堂。"的确，小小一个凤池社区，已经坐拥一所广东省一级学校大沥实验小学和一所广东省一级示范性幼儿园大沥实验小学附属幼儿园。凤池人的后代在这里接受教育，不少人学成归来，选择继续为家乡服务，这是一种不间断的人才发展模式。

第三章　文化振兴：重构滋养人的社区文明

乡村振兴，文化是灵魂，而文化往往是很多乡村的短板。在国内的不少农村地区，大量的中青年人外出打工，只剩下老人和孩子在村里留守，传统农耕文明所带来的乡土文化、熟人社会、守土重迁等特点，都在现代化的发展中被打破。

而与这些"空村化"农村不同的是，处于珠三角腹地的凤池社区，是产业集聚的高地和人才聚集的福地，改革开放以来外来人口愈来愈多，甚至已经远超户籍人口。凤池文化振兴所面对的，是都市文明与乡村文明的交融，本地人口和外来人口的融合，农耕文化与商业社会的冲击。这离不开对传统文化的重构，既要有所传承，让人们记住乡愁，也要与时俱进，焕发乡村文明新气象。

凤池，是一个探路者，也是一个闯关者。

第一节 这个村的公共文化空间不输城市

走在凤池的街道上，或与凤池人交谈，会发现他们身上没有都市人所特有的那种焦虑，而是自带从容、满足与闲适，谈起凤池，他们言语中还透露着淡淡的自信。的确，在很多农村，一些人羞于说自己是农村人，多是因为农村意味着"贫寒"与无保障，而在这里，农村人的身份，则意味着"有分红"和各种福利。

但实际上，凤池人的自信，不仅仅在于经济的富裕，还在于大家丰富多彩的文化生活，以及不输大城市的公共文化空间。

▌凤池有一个美丽的传说

900 多年前，北宋崇宁年间，凤池人的祖先便迁居于此，世代繁衍生息。因村中有池塘如凤眼，而得名"凤池"。这一取名，还有另一个美丽的传说：相传此地为凤凰栖息之所，凤为吉祥之物，遂取名"凤池"。

在凤西球场旁很显眼的一堵青砖镶耳的高墙上，镶贴着"凤栖瑶池"四个银色的大字，这几个字在绿树掩映下泛着光，一个缥缈的传说，就这样"板上钉钉"地近在咫尺。

"其实，两个版本的说法目前都没有得到证实，但无论是哪一个，都表达了凤池人的一种美好愿望，一种自信自豪。"凤西村年近七旬的村民曹耀南表达了自己的看法。

《曹氏族谱》已在一年前进行筹备编撰，曹耀南参与其中，所以他对凤池这片土地的细枝末节变化较为熟知。笔者见到他时，他与一群居民正端坐在曹氏宗祠侧厅的书桌前整理文稿，身后的小黑板明晰地记录着资料收集进度。

阳光透过门前古朴的天井照进来，他整个人都被一股温和又不做作的气质包裹着，语速较为缓慢地回答着每个问题。"凤池欧阳姓人迁居较早，后曹姓人迁入，人丁兴旺，聚落扩建，故又名新村。现为16姓人杂居之地，仍以曹姓居多。"

时间往前追溯60年，曹耀南那一辈人童年生活的凤池"是一个很舒服的地方，一个很朴素的村落，有很多低矮山头，很多青砖瓦房，绿树成荫，还有一块块很简单的石板路"。

如今生活在凤池呢？"更舒服，更美啦。"原本温和平静的曹耀南，竟在此刻露出了自信爽朗的笑容，围坐在一旁的村民李姨情不自禁地欢笑着："现在的生活真是很幸福啊！生活好，文化活动又丰富。"

他们的笑，让笔者很自然联想到一个热词：文化自信。

乡村振兴是一项涉及经济、政治、文化、生态、社会的系统性工程。伴随乡村振兴战略的实施，乡村文化迎来了新时代。但在城镇化、市场化和现代化的进程中，乡村文化面对城市文化的冲击，日益呈现出衰落之势。

如果农民对乡村文化失去信心，乡村社会丧失文化强有力的支撑，承载着农民美好愿望的乡村振兴是难以实施和实现的。

从这个意义上说，凤池人的文化自信无形中为乡村振兴带来了正向作用。他们的文化自信从何而来呢？

▌"精装版"的公共文化空间

"这里好美，快帮我们拍照！"一群青春洋溢的学生在凤西文体楼附近，被眼前美景吸引。他们是到凤池参观学习的到访者，真实身份是广州某大学的研究生。笔者在走访凤池过程中与他们巧遇。

眼前正是一处由民居外墙打造成的特色街景，运用一簇从民居延伸出来的簕杜鹃，把花下的墙刷新并题上宋代诗人张良臣的名作《偶题》："谁家池馆静萧萧，斜倚朱门不敢敲。一段好春藏不尽，粉墙斜露杏花梢。"

这种在细节处因地制宜的匠心，令人惊艳。诗文盎然，花香浸染，十分古雅，如今已经成为不少人喜欢留影的地方，这只是凤池匠心雕琢打造的公共文化空间之一。

别看凤池面积仅 1.45 平方千米，里面大大小小建有 4 个公园，5 栋文体楼，还有"和谐五十一工程"社区活动中心、乡情馆、乡村振兴馆、健身广场、篮球场等活动场所，公共文化空间总面积达到 44 618 平方米，而凤池住宅区才仅仅为 202 500 平方米的弹丸之地，公共文化空间面积占比率达到 22%。

可以说，这些公共文化活动空间，为社区居民的文化精神开拓了一方广阔的天地。如何充分利用好各种资源，丰富文化空间的内涵，是凤池一直在思考的一个课题。

这些公园初建于 20 世纪 90 年代，当时凤池的经济发展有了一定起色，村干部就超前地思考，如何满足村民更高层次的精神文化需求。

早期这些公共文化空间，考虑的多是硬件的建设，这些年越来越被注入文化内涵。2017 年，在创建美丽文明村居的使命驱动下，凤池对整个社区的"外围"都进行了精心的策划。

大沥镇文明办负责人邝子恒全程参与了策划。他说，首先做通村长的思想工作，"万般皆下品，惟有读书高，社会主义核心价值观的植入，必须通过文化的渗透、融入、导入、欣赏才能受到启发。"

于是，凤池考虑到根据区域环境特色导入文化元素。

西边村是政治引领，不忘初心，树立家国情怀。其南边墙有花开富贵，清明上河图，展现村民对美好生活的追求；北边墙有四书五经，强调二十四孝，家庭伦理，道德规范。

凤东村是诗情画意，亭台楼阁、岭南风情，体现对美好生活的向往。

凤西村是传统家风，有一个祠堂设有标志性的孔子像，凤西公园是一个家风家训的主题公园。

此外，凤池还设计了一条新的景观线路：人文植入"六个一"。沿着凤池东路、凤东公园、凤西公园、金凤二路，看到的是焕然一新的景象。美丽文明村居应具备"六个一"：一条特色景观路线、一个乡情馆、一个社会主义核心价值观公园或广场、一个精品村小组、一个核心价值观标志性景观、一批历史建筑物的活化。凤池社区将这条线路定为人文植入"六个一"的一条景观线路。凤池东路铺沥青，油光顺滑地通达远方；凤西公园进行升级改造，人文气息浓郁；金凤二路配合"花满沥城"种植特色植物，形成了"紫荆一条街"等"网红"地点。

"天天赏花,住在这里心情都会变得很好。"在凤池社区居民张怡看来,在自家的阳台上种花能让心情舒适,而漫步社区中赏花观景同样感到很幸福。

"静坐觅诗句,放松听清泉!"2018年3月的一天,南海组织一批旅港乡亲回乡联谊,在凤池社区参观时,不少人都被一栋典雅建筑所吸引,这副刻在建筑旁精致木雕上的对联,其横批是:清静世界。

"可能是一个图书馆,或者是一个供人休憩的驿站?"大家看到这座仿古建筑,纷纷提出各种猜想。白墙灰顶,点缀几扇方形的窗户,岭南特色跃然而出,在公园花木的映衬下,显得尤为素雅。"哈哈,我一看对联就知道是公厕。一圈走下来,每一副对联,我都要细细品读,太好了!"旅港乡亲周志祥和同伴们分享道。

周志祥说的"一圈走下来",是指在凤池4个公园、5栋文体楼,甚至是公厕旁,随处可见这些优美的对联。"凤池繁开青玉叶""池塘盛放彩莲花",裹挟着晨风、沾染着露珠,在烦嚣的城市给人以静心之感。细究之下,这些对联是凤池别出心裁的"量身定做"。

邝子恒说,凤池之前也很喜欢用对联,但是以前的对联杂乱无章,后来我们专门聘请了书法诗社亲自操笔,使其更加贴切、专业、精准,"真正将文化武装到牙齿"。

习近平总书记提出对家风的论述,凤池围绕经典伦理道德,针对凤池传统的家风家训格言,聘请专业作家创作了近二十副对联,并请省一级的书法家来题写。

这些对联如点点星光，散布在凤池的公共文化阵地，起到了耳濡目染、以文化人的陶冶作用。年近七旬的村民李姨特别向我们推介了另一副镶刻在凤西文体楼大门的对联。"真的写得很好，我们都很喜欢，我还可以背出来：凤翅腾飞盛世丰年皆富裕，池堂欢笑莺歌燕舞颂升平。"对联，作为中国传统文化之一，又重新在公共文化领域找到了一寸土壤。

"而凤池居委会和文体楼的对联，每年都是精心设计制作，根据当年发展的方向、指导思想而定，把时政、发展理念、指导思想融入对联中。"邝子恒坦言："这个创意点，近几年才想出来，以前的对联都是买回来的。"

大宗祠的"不老秘方"

走进凤池，你会发现，村中仍留存不少文物古建，保留了绚丽多彩的岭南风味特色建筑，现存祠堂有曹氏大宗祠、聚仓曹公祠、天爵曹公祠、东山曹公祠、允遂曹公祠、天铎曹公祠。

凤池曹氏大宗祠，正是村中一大景观。坐落于凤西公园旁，这座面积约1 100平方米的广府特色风格的祠堂，始建于清朝雍正时期，在道光年间进行了第一次重建，中华人民共和国成立之后于1999年进行了第二次重建，现如今为佛山市市级文物保护单位。

2018年岁末，笔者首次走进曹氏大宗祠。这座祠堂为传统的三进三间布局，为后世遗留下的是祠堂里精美的壁画，具有浓郁岭南风格的砖雕、木雕以及众多具有历史参观价值的珍贵史料文物。在年代变迁的过程中，曹氏大宗祠是目前保存不多的较为完整、重建也尊重原始风格的祠堂建筑，清一色的青砖灰瓦，封闭性很强的庭院格局，富丽繁复、手法精细的窗台镂空、雕刻手绘，都彰显出建筑者的认真仔细和别具用心，也使得整个祠堂呈现出一种承载天地，容纳兴衰的磅礴大气，是为一个真正的大家族祭祀聚会所拥有。

据资料显示，1999 年 11 月 21 日，曹氏大宗祠重新修葺动工。凤西村民曹伯说："坚美老板大力支持，出资了 28.8 万元，其他不姓曹的村民也积极参与，因同乡，大家乐意，我们作为一种文物来珍惜。"这次对祠堂的修缮，是一次完全自发的行为。

图 3-1　曹氏大宗祠（《珠江时报》记者方智恒摄）

凤池曹氏大宗祠内的中堂，名为"光裕堂"，堂内文化气息浓厚，随处可见保存精美的壁画和文人墨客留下的书法墨宝，正如凤池人曹学海先生有首诗词《西江月》所写："三百多年家庙，二十几代春秋，宗亲屈指数风流，将相公卿帝后，昨日疏林田野，今朝闹市琼楼，凤凰池上泛轻舟，兰贵群芳毓秀。"写出了曹氏大宗祠百年风霜未褪所蕴含的盎然神采。

曹氏大宗祠，阅尽风霜，早已归于宁静。曹耀南几乎每天都要来曹氏大宗祠"值班"，他是宗祠管理委员会 23 人中的一员，在他心中宗祠是"心中圣地，对祖先怀念的地方"。"我们都是义务自发的，社区活动要用到场地就积极配合，经常有人来参观。"

据曹耀南介绍，如今，曹氏大宗祠成为每年重大节日村里祭祖活动、盛大聚餐的场所。每年都会有许多衣锦还乡的曹氏后人，在这里为祖先点上一炷香，祈愿明年平安如意。在平时，一群凤池老人在这里喝茶下棋、聊天听曲，与老宗祠一起享受颐养天年的时光。

2018 年 5 月 1 日，劳动节，曹氏大宗祠内，凤池人正忙活着村里的敬老宴，近 60 桌酒席，曹姓乡贤献赠。村民沿袭着先辈对长者的祝愿。凤池社区 60 岁以上的长者齐聚一堂，相互敬酒致意，表达爱宗睦族之情怀。

"已经举办十年了，一年比一年热闹。"当大家都记不清敬老宴存在了多少年的时候，现年 70 岁的凤西村民曹伯对此有着完整的回忆。"那年我刚好 60 岁，还是现场最年轻的，不停地与那些长辈敬酒，很开心。"回首往事，曹伯乐呵呵地笑着。喜庆热闹的现代宴席，与代表着传统旧俗的古祠堂碰撞、融合，最终活化成一种流淌在人们心间的精神传承。

图 3 - 2　凤池社区长者活动

　　现阶段，乘着大沥镇"美城美村行动计划"的东风，凤池社区在不断完成社区面貌改造的过程中，曹氏大宗祠已经和祠堂门前的广场公园，亲水长廊，以及一些健民益民的休闲娱乐设施一起，成为以"孝德"为主题的特色文化景观。这个主题公园占地4 000多平方米，由孝德文化长廊、孝德亭等组成。依山而建的孝德文化长廊，图文并茂地向人们阐述"孝德"典故；依树而隐的孝德亭，依道而立的孝德警句，时刻提醒人们百行以孝为先。凤池社区的工作人员也表示：建造这个公园，是因为年轻人经常会来这里健身活动，希望能够在潜移默化中，教会年轻人尊老爱幼的道理。

　　当前乡村文化建设面临的最突出问题是城市化、工业化进程中农村公共文化空间的普遍弱化，表现为农村文化建设主体的空心化、政府公共文化供给失衡以及传统乡土文化价值认同危机。因此，重建农村公共文化空间，是未来实现乡村文化振兴的重要途径。

在公共文化空间建设这一点上，从宏观设计布局到因地制宜"精装修"，凤池可以作为较为理想的"样板房"。

■ 浓缩凤池人集体回忆的乡情馆

在凤东公园不远处，有两栋愈发别致的古建筑，吸引着村民前来驻足活动，那是凤池的"乡情馆"和"乡村振兴馆"，两个馆都是曹氏公祠，在美丽文明村居建设的驱动下，凤池将这两座古建筑盘活了。

图3-3　大沥凤池社区乡村振兴馆及读书驿站（《珠江时报》记者方智恒摄）

走进凤池乡情馆，眼前是一架形如动物骨架的木制车子，老旧却弥足珍贵。

"这是龙骨水车，凤池农耕文化之一，祖先们勤劳智慧的结晶。"

2019年初春的一天，凤池居民曹国英和曹耀南向几位因撰写《凤池志》而深入走访的来访者介绍："在60—70年代大集体时，凤池各生产队基本上都有这样的龙骨水车，用于灌溉和干塘。我们凤西、凤东生产队每年都要把污泥清上来肥田，能更好地为明年蓄水。有时用几架龙骨水车或一排或联成线干塘，哗哗的水声和龙骨板撞击的咕隆咕隆声，响成一片，如舒缓的交响曲。"

图 3-4　大沥凤池社区乡情馆1（《珠江时报》记者方智恒摄）

　　来访者啧啧称赞，认真地作着笔录。曹国英说："这架水车原来是凤池一个生产队的所有物，现在放进凤池乡情馆里，让后人记住历史。那个时期，水车对农村农业生产起到了巨大的推动作用。"一瞬间，一架原本毫无生机的"旧物"，连接起了走进凤池历史的桥梁。

　　凤池乡情馆是由位于凤东旧文化室旁的允逵曹公祠改造而成，包括24小时自助图书屋、志愿服务 V 站，内有凤池人才、文化、生态、组织、产业内容展示，占地面积 178 平方米，投资超近 140 万元。按照修旧如旧的原则，乡情馆保留了一些旧的建筑材料，又增加了新的元素，主要向社区居民及前来游览观光的市民展示凤池的风土人情。

图 3-5　大沥凤池社区乡情馆 2（《珠江时报》记者方智恒摄）

为了丰富乡情馆的室内陈设，凤池特向广大村民及各界人士征集80年代及以前的老旧物品，包括书籍、照片等历史资料，并将接受捐赠来的老物品做好档案登记，标注捐赠者姓名，集中对外展览。

2017年起，凤池对社区内部分古建筑进行修缮，活化其功能，升级改造为乡情馆、乡村振兴馆、永春馆、党群活动中心等系列展馆，充分地保护、整合、传承凤池社区独特的历史文化资源，健全村居公共文化服务的软硬件配套设施，更好地增强社区居民、群团队伍等文化主体参与村居文化建设的意愿。

图3-6　大沥凤池社区乡情馆3（《珠江时报》记者方智恒摄）

与乡情馆的定位不同，乡村振兴馆，则主要展示凤池自改革开放以来，在乡村振兴方面取得的成就和走过的路。陈伟津说，凤池打造乡村振兴馆，是为了展示凤池在产业、人才、文化、生态、组织等方面的发展探索，记录凤池改革发展成就，展现凤池人的创新精神，提升凤池人的自豪感，也激励凤池人不忘初心奋勇前行。

凤池乡村振兴馆还是南海首个新时代文明实践站，实践站将兼理论宣讲服务、教育服务、文化服务、科技服务、体育服务、信息服务等多功能于一体，零距离开展宣传思想文化服务工作。

第二节　本、外地人同享均等化服务

"51"与"49"，本是两个普通的数字，在凤池，却经历了一番不同寻常的博弈。

在凤东公园旁，一幢白墙红顶的小洋楼特别引人注目，在爬满绿色植物的二楼护栏外墙，镶贴着中英双文的九个大字："和谐五十一工程"基地。为什么是五十一？不明其中缘由的人，都对这个颇具神秘色彩的基地充满了探究欲。

▌打破人员隔阂　探索服务均等化

新凤池人刘小琴，将自己在凤池的生活，画了一条华丽丽的分割线：2017年之前总觉孤单，与这里的人格格不入，所以每逢佳节倍思亲；2017年之后，她觉得自己和凤池融为一体了，看这里的每一寸风景都觉得美。

为什么会有这么大的转变呢？事情从2017年她加入凤池新市民舞蹈队说起。刘小琴兴致勃勃地与笔者分享道："当年因为身体差，医生说要多锻炼，恰好凤池成立了这支舞蹈队，加上舞蹈本身也吸引我，所以就参与了。去学舞蹈，不知道有多开心，认识了好多朋友，在异乡不再孤独了，对健康也有很大的帮助。"

出生于 20 世纪 70 年代的刘小琴，来自四川南充，1994 年到大沥高边坚美铝材厂做质检员一直到现在，二十多年来，她与同在坚美做电工的丈夫租住在凤池凤西，是典型的新凤池人。"以前的生活十分枯燥，除了工作，一个人独来独往，没有什么朋友，也不参加活动，感觉既融不进新乡，也回不去故乡，内心是孤独且苦恼的。"

现在每天晚上 8 点到 9 点半，刘小琴都会与姐妹们相约来到凤东公园排舞，有时候为了跳舞，她会特意上满一周的白班，晚上就有充分的时间跳舞。

现在凤池新市民舞蹈队共 14 名成员，姐妹们都是来自五湖四海的新凤池人。大家一起跳了六年舞，除了健身，还参加表演比赛，虽然获奖不多，但收获了更珍贵的友谊。刘小琴与姐妹们成了生活中的好朋友。

两年前，刘小琴已成年的儿子也来到凤池打工，一家三口团聚，她说："一开始我也担心儿子不适应这边的环境，但经过一段时间适应，他也喜欢上了凤池。"

刘小琴一家，是凤池建设公共文化阵地，推行社会均等化政策的受惠者。

2012 年，南海首开国内先河，抛出"家·南海"概念，促进社会服务均等化，村居基层是"家·南海"建设的窗口与平台。

凤池是较早响应此号召的社区之一，它对政策的敏感度和执行力，保持着一贯"走在前列"的良好作风。2012 年，凤池召开了"全面转型升级，推动城市更新"动员大会，全面吹响了转型升级的集结号。关爱共融，探索本地人与流动人员融合，共建共享改革发展成果，也是此次转型的重要内容。过去以农村思维主导的社区管理模式正在被打破，一种"以人为本"的现代化社会治理模式在凤池启动探索。

曹应均回忆："2012年，南海政府到我国香港及新加坡等地学习后，开始推进社会服务均等化，探索城乡融合统一的公共服务模式。"当时凤池社区就在思考，凤池已经有那么多文化阵地，但其作用还没得到很好的发挥。推进社会服务，凤池有好多事情可以做，不但可以发挥工、青、妇、老的作用，整个社区服务中心也可以发挥作用。

怎么样可以更好地发挥作用？凤池当时就在居民中广泛征求意见，后投入60万元对当时的文体楼和社区活动中心进行装修，但活动空间有了，用什么样的活动将其装满？也是凤池的干部们思考的难题。

这要从当时的社区活动遇冷说起。2011年，时任凤池社区居委委员、凤池工联会主席的潘绮云，遇到了一件"尴尬事"：由社区策划主导发起的一个暑期青春期讲座活动，本来干部们也花了不少心思准备，可是距离讲座开始只有5分钟了，而前来听讲座的人却不足5个。"后来只好再做工作，一个个村小组打电话，请大家立刻发动群众，才陆陆续续地来了十几个人。"

这件事情，给满腔热血的潘绮云，泼了一大盆冷水，为什么社区活动总是"剃头挑子一头热"？干部快操碎了心，可村民一点都不买账，问题出在哪里了？

在对这件事情的剖析中，潘绮云和凤池的干部们意识到，经历了早期城市化的凤池，早已不同于过去村的概念，虽然是农民身份，但是早已不耕田的凤池居民，实际上也过上了城市人的生活，在这样的过程中，人与人之间的关系变得陌生起来，除了关系到切身利益的分红和福利外，居民对社区的其他事务并不关心。

"过去农村是一个熟人社会，而随着城市化进程的加快，村里人之间的关系越来越陌生，长久下去必然会产生各种隐患，整个社区都会呈现出病态，如何才能防患于未然呢？"这个问题也引发了曹应均的思考。

作为佛山南海一个典型的城乡二元结构村居，凤池在经济社会发展中出现的新问题、新矛盾、新形势，都需要通过新的方法来消除和破解，甚至向社会管理和服务创新要解决方案。

凤池领导班子通过深入调研和详细分析，得出一个重要结论：村里的青壮年都在忙碌事业甚至在外打拼，留守在家的老人、妇女、儿童，则占了社区 51% 以上的比例，而社区的各类选举也多是他们参加，团结和服务好了这些人，再由他们影响家中其他人，整个社会也就和谐了。

基于上述考虑，2012 年，凤池社区创造性地提出，要启动"和谐五十一工程"，意指像公司股份超过 51% 的股东可以掌握话语权一样，在凤池社区的社会管理和服务决策中，也要集思广益，根据大多数民意来开展。曹应均说："希望通过这样的活动凝聚人心，在活动中发现问题、疏导问题，从而达到根治的效果。"

2012 年 9 月 11 日，时任中共中央政治局委员、广东省委书记汪洋到凤池视察时，肯定了社区的创新治理模式，并把它称作破题之作，值得探索和期待。

而后，凤池把公共文化活动阵地，也命名为"和谐五十一工程"基地，其最初的定义是：在家庭和村集体的管理中，妇女、儿童、老人是一股核心力量，他们拥有51%的股权，在创建和谐社会、和谐家庭中，发挥着举足轻重的作用。

2014年8月1日上午，时任广东省委书记胡春华参加并指导凤池社区党委专题组织生活会。

胡春华在会议上问曹应均："你们怎么分配你们的精力?"曹应均答：我们用51%的精力搞经济发展，用49%的精力搞社会服务。胡春华说："等一下，有点不对，应该调转过来，基础不牢，地动山摇。"自此，以此为宗旨，凤池更坚定了把公共文化活动阵地取名为"和谐五十一工程"的想法。

当年的《南海春潮》完整刊录了这段经典对话。"51"与"49"两个数字的博弈就此结束，最大的胜利是，一种科学的社会管理理念从此扎根凤池。

凤池以独创的"和谐五十一工程"概念创新社会管理。经过多年的积淀提炼，"和谐五十一工程"被诠释出更深的内涵和更广的空间。用太极两仪、阴阳平衡的理念协调经济和社会发展，在51%与49%之间把握服务经济和服务社会的平衡点，从而达到经济、社会良性互动、均衡发展的效果。

▋活动不用发动　几乎场场爆满

在上述理念之下，凤池的干部不再像过去一样，为了完成上级的任务而搞活动，而是根据居民的需求来搞活动，如此一来，2013年，"和谐五十一工程"刚启动运作，就收到了良好的成效。

图 3 – 7　大沥凤池社区"和谐五十一工程"（《珠江时报》记者方智恒摄）

经过调研，不少居民对中式烹调很感兴趣，就提议能不能在社区搞个培训班，村干部看到这么多人有需求，就请来专业老师，办了一个中式烹调培训班，让不少居民醉心不已，陈月卿便是其中之一。

自从参加培训班之后，她迷上了自己做点心，餐桌上日日端出不同的面点，让家人幸福感爆棚。"多亏了社区这个培训班，圆了我研习烹饪的梦。"陈月卿开心地说。

30 多岁的居民阿霞，由于只有初中学历，之前一直找不到工作，就长期闲在家里，后来和陈月卿一起，在社区的家庭培训学校，参加了中式烹调培训班后，她的生活也因此发生蜕变：学到了一手好厨艺，又在社区就业服务部的帮助下，在辖区内一家酒楼找到了工作，她的生活越来越充实。

　　作为"和谐五十一工程"的内容之一，凤池的家庭培训学校名气很大，通过开办家长学堂、家庭大讲坛、女子学堂、苗圃学堂、新大沥人课堂等形式多样的培训基地，为妇女及家庭提供了学习、培训等机会，切切实实成了居民的"温暖之家"。

　　暑假少儿义教班、大学生水运会、志愿者电影播放队……在潘绮云的办公桌上，放着该社区工联会、团支部和老年人协会等多个社团组织提交的活动申报材料，都是年内争取基金扶持启动的居民服务活动年度计划。基于自由意志的选择，才能开出美妙的花朵。"每个月至少有两场大型活动，这周四就有一个面点师培训班。"让潘绮云惊喜的是，现如今的活动根本不用发动，几乎场场都是爆满，一些活动办了一次，还得应需求再办一次。

　　在"和谐五十一工程"支撑下，社区在 2012 年从凤池慈善会中，拿出140 万元设立了幸福基金，只要是居民有活动需求时，便可申报扶持基金开展活动，幸福基金的开设，激发了村民开展活动的积极性，现在凤池每年的大型活动超过 20 个，服务人群也涵盖了大部分群体，而且多数是居民唱主角。

　　凤池幸福基金在具体的运作中，同样以民意为基本前提，由各社团、居民（包括外来人员）申请服务项目，由赞助企业、居委会干部、居民代表等组成的幸福基金评审团，对各申报的活动计划进行评审。"今后还将争取社会企业冠名筹资作为基金滚动补充。"相关负责人说。

　　在凤池社区，不但大的事务由民意决定，社会管理和服务主动权也掌握在居民手中，群团组织可以根据群众的需求来进行项目申报，民主成为社区居民的一种生活方式，也成为社区和谐的路径。

这样的"和谐五十一工程"背后，是居民的幸福生活指数的提高。"学到了一手好厨艺，再开个早餐店，日子能不幸福吗？"凤池社区居民陈月卿开心地说，她在一年内已连续参加了社区面点师 5 节课培训，学到烹饪技巧，生活越过越充实。

在凤池，不管是本地居民还是外来人员，都能在"和谐五十一工程"中享受到实惠。来自湖南，如今在凤池装饰材料市场上班的华梅，则坦言不用再担忧暑期孩子没人照看了："在暑期，社区都会在大沥实验小学举办外来工子女托管活动，连我们外来人员的后顾之忧都能解决，这样的活动真的能给居民带来幸福。"

有了凤池慈善会和幸福基金的支持，"和谐五十一工程"的服务对象，不仅仅是面向户籍人口，同时面向符合条件的新市民及其子女，如应新市民的需求，还开展一系列的新市民粤语教学课堂、粤式点心课堂、新市民舞蹈班等活动。这个"和谐五十一工程"，架起了新旧凤池人的连心桥，也成了打破人员户籍界限、推进服务均等化的重要探索。

▌在南海农村首试购买社工服务

2014 年 5 月，27 岁的凤池社区工作人员钟小婷，在工作上有了重大调动，她被分配到"和谐五十一工程"基地，与另外 1 名社区工作人员、3 名社工和 4 名管理员形成一个 9 人混搭的"共同体"。对于这个年轻的女孩而言，迎接她的是全新的挑战和考验。

从这一年开始，凤池社区为"和谐五十一工程"基地，投入 10 万元购买了南海启正社会工作服务中心的社工服务，为社区居民提供家庭综合服务。作为大沥第一个引入专业社工的农村社区，凤池将如何创新服务形式、优化服务体系，更好更专业地服务社区居民，成为钟小婷要思考的首要问题。

凤池社区为什么要花钱购买社工服务？因为那时候，从中央到地方，全社会都在倡导创新社会管理与服务，敢为人先的南海也早就开始学习香港，引入专业社工的服务模式。凤池看到一些城市社区由此尝到了甜头，就想着通过购买社工服务，让专业人做专业事，一方面提升社区的服务水平；另一方面，也帮助社区培育一些社会组织，一边输血一边造血，提高本土的人力资源存量。

作为农村社区中的首吃螃蟹者，凤池也遇到不少困难，但是钟小婷等人却很有干劲，他们明确分工：社工主要从专业的角度策划、组织社会服务；社区工作人员熟悉本土政策和居民，紧密协作；管理员则维护服务场室。为了有更多的工作时间去消化研究，他们都是晚一个小时下班，周六日加班搞活动。

90后年轻社工陈宇兴，是这个9人"共同体"的一员。他的家乡远在梅州，现于佛山定居，一直从事社会工作服务行业，是南海启正社会工作服务中心的青年力量。

每次举行大型活动，对陈宇兴及其同事来说，都是一件累并快乐的事，为了使活动更加完美地举行，也为了贴近居民的心意，他们前期需要花费很多时间去调研、策划、沟通。"不过活动的圆满举行，给予我更多的是欢乐、舒心和成长。"

9 人"共同体"的努力，取得了很大的成效。几年来，他们研发了十多个社区服务项目，如小凤凰暑期乐园、四点钟学堂、小小成长营以及其他社区大型主题活动，很多早已形成持续品牌，年年举行，年年爆满。今年，他们策划组织的"和美凤池，花容'悦'貌"摄影大赛等"三八"妇女节系列活动，同样备受好评。

"和谐五十一工程"启动至今，凤池社区群众上访率一直保持为零。以党组织为引领，以各类社会组织为支撑，"和谐五十一工程"基地，已被逐渐打造成为党群共融的载体，仅 2018 年，开展服务活动有 30 多项，包括党员志愿便民服务系列活动、"三八"妇女节主题活动、小凤凰暑期乐园、四点钟学堂、创意厨房服务项目、亲子沟通工作坊、手工小作坊等方面。

从初期探索到最终的成果显示，凤池"和谐五十一工程"基地，具备了"塑形"和"铸魂"双重属性，这恰恰切合乡村振兴的题中之义，给众多城乡结合社区在管理中"塑形"、人文及服务中"铸魂"，提供了一条行之有效的探索之道。

▍村民成主角　活动覆盖各类群体

"你一年来会参加多少场社区活动呢?"

70 岁的凤池老人李渐想面对这个问题，显然怔了一下。

这个被公认是社区活动的忠实"粉丝"，是由资深社工陈宇兴力荐给笔者的优秀活动参与者。她实现了从最初单纯参与社区活动到参与社区服务的转变，现已作为骨干志愿者带动居民参与，想姨曾多次表示："自从加入社区服务，心情舒畅了，头脑灵活了，会继续寻找老龄乐。"

可是，面对这个看似简单的问题，想姨有着甜蜜的"烦恼"："一年到头很多活动，我都是能参加就参加，反正多到数不清啦，我们有恒常活动，也有每年根据特色新增的活动，可以说是丰富多彩。"

一个炎热的下午，凤池社区党委、居委、经联社、妇联联合启正社工机构，在"和谐五十一工程"基地创意厨房开展了一场以"社区长者消暑清热"为主题的爱心汤水活动。他们熬制了一款健脾柔肝的汤水，走街串户送到社区孤寡、独居、空巢老人家中。一碗适时汤水，一句温馨的问候，一份平凡的叮嘱，让温情在这个社区里洋溢着。

图3-8　大沥凤池社区"和谐五十一工程"爱心汤义工队（《珠江时报》记者方智恒摄）

这样的场景，在凤池社区经常可见。凤池社区通过搭建恒常性服务平台的方式，让社区形成助人自助的温馨氛围。

凤西居民曹健锋是一位 80 后，人至中年，他已褪去了焦躁，变得特别沉稳。笔者约访他时，他正忙于"凤池社区党员志愿便民服务暨凤池永春拳会开馆预演活动"，他是居委工作人员，主要负责国土方面的工作。

曹健锋一家从老到小，都是社区活动的积极参与者。他与笔者分享："我父母经常参加社区重阳节和妇女节举办的敬老活动，感受到社区对长者和妇女的关心。"

"我每次都有参加社区举办的活动，例如慈善千人行、文化发展基金颁奖活动、重阳敬老活动，有一次还参与主持的工作。在参与的过程中，感受到社区对莘莘学子的关心，在给予他们资金鼓励的同时，还贵在激发他们奋发有为。"

他的妻子上一年参加了五一和五四彩跑活动，加强了邻居间的交流沟通。

他的女儿和儿子也是社区活动受惠者。每年到寒暑假期，两个孩子都会参加社区的小凤凰暑期乐园，可以打球、跳舞，每次开设的课程都不同，既可以提升孩子技能，又可以减少他们在家看电视的时间。

在凤池，每年有很多恒常的文化活动，涵盖各个年龄阶层，丰富多彩。包括春节慰问 80 岁以上老人、小凤凰寒暑假班、"三八"妇女节活动、五一活动、五四活动、助残慰问、文化发展基金颁奖典礼、重阳节敬老系列活动等。

▌"原来我们身边也有闪光人物"

"这次的活动让我感受很深,原来在我们周围也有很多充满闪光点的人物,他们为家庭的美满、为社会的和谐默默做了很多努力。"在参加了凤池社区"家庭三亮""最美庭院"颁奖典礼后,在凤池工作和居住已有五年的新大沥人林彩华说道。

作为大沥的"明星村",凤池的产业发展和环境建设一直为外界所称道。然而,凤池人不仅努力"富口袋",也一直在积极地"富脑袋"。

凤池历来重视精神文明建设,注重提升社区居民的精神文明水平,以此凝聚社区居民强大的精神合力。自2014年以来,凤池在每年的"三八"妇女节活动中都会开展社区道德讲堂,围绕家庭教育、孝道等主题,教育居民注重家庭、注重个人、提升整个社区的精神文明。此外,社区每年都开展重阳节长者聚餐活动,共同营造社区家庭敬老、爱老的美德。

为了挖掘更多村民身边可亲、可学的精神榜样,2018年3月,凤池社区启动"家庭三亮"道德选树活动,在社区范围内广泛征集"好家风故事""好家训",深入挖掘社区"最美家庭"和"道德人物",同时通过举办活动、微信公众平台发布信息等方式,鼓励居民自荐或推荐。

"道德人物"获奖者

"最美家风"获奖者

"最美家庭"获奖者

"最美家庭"获奖者

"最美家训"获奖者

"花满庭院优秀奖"获奖者

图3-9 "家庭三亮"道德选树活动

经过近 2 个月的评选，最终评选出"最美家风"家庭 7 个；"最美家训"家庭 5 个；"最美家庭"3 个，邵灼华、关影红被评为"道德人物"。在这些获奖者中，既有尊老爱幼的温馨家庭，也有热心助人的公益达人。此外，还有 10 个家庭及个人在这次活动中入选。

通过"家庭三亮"道德选树活动，凤池社区引导社区居民在活动中接受道德教育，自觉形成修身律己、崇德向善、礼让宽容的道德风尚，从而推动美丽文明村居建设和不断提高社会文明程度。

在开展"家庭三亮"道德选树活动的同时，凤池也致力于"以花育品"。为了更好地推进大沥镇"花满沥城"行动计划，凤池社区响应大沥镇党委政府号召，积极开展"花满沥城"最美庭院评选系列活动，得到了社区群众的积极参与。如今，凤池社区共有 17 个家庭入围了大沥 100 个"最美庭院"志愿家庭，竞逐全镇十大"最美庭院"的荣誉，通过种花养花的方式，在社区中传递文明的力量。

2018 年 2 月 4 日发布的中央一号文件《关于全面实施乡村振兴战略的意见》指出："乡村振兴，乡风文明是关键。"乡村振兴，振兴的不仅是环境和经济这样肉眼可见的"面子"，更是文明和精神的"里子"。因为这才是一片土地，一个村庄，代代延续繁衍不息的内在力量。

"活动真的很多，多参加活动有益身心，身体越健康，享受的快乐就越多。"想姨笑逐颜开地说，"我先去浇花啦，不与你聊了！"她是凤池社区美源护花队的积极分子，不但热心为社区种鲜花，自家阳台也花香四溢，每日忙得不亦乐乎。最后与笔者挥手作别时，对于全年参加多少项活动，她依然没有给出一个确切的数据。

可是，这个数字，显然已经不重要了。

正如外界盛传的对凤池人现今生活的顺口溜："凤池菜地起高楼，朝晚凤凰幸福楼"一般，凤池人正在努力经营着自己的幸福生活。

对于这句顺口溜，凤池社区的老书记梁焕松印象深刻，这位1950年出生于凤池西边村，1981年开始进入凤池村委会工作至2010年退休的老凤池人，向笔者诠释道："直白点来说，就是凤池从一大片菜地，发展到现在有不同的产业，人们的生活富裕了，每天都能去村里的凤凰酒家或者幸福楼喝早茶吃晚饭。背后的含义是凤池人的生活幸福得令人羡慕。"说着，这位老书记脸上露出满足的笑意。

图3-10　新年聚餐

党的十九大报告指出："中国共产党人的初心和使命，就是为中国人民谋幸福，为中华民族谋复兴。这个初心和使命是激励中国共产党人不断前进的根本动力。"当前，我国社会主要矛盾已经转化为人民日益增长的美好生活需要和不平衡不充分的发展之间的矛盾。只有加快完善公共服务体系，加大公共供给，才能实现"幼有所育、学有所教、劳有所得、病有所医、老有所养、住有所居、弱有所扶"的目标，更好地满足人民群众对美好生活的新需求。

数十年来，凤池对此一直保持清醒的认识。曹应均在面对媒体采访时多次强调："人民群众对美好生活的需求，就是我们的发展目标。所以说我们每个阶段做的事情，都是深得天时、地利、人和三方面来推动，2013年，我们提出让民做主，不是为民做主，大家喜闻乐见，每个村都有特色，才能让人民的幸福顺理成章。"

第三节　"凤池人无依赖，必须拼搏"

探寻凤池乡村振兴的密码，笔者心里始终带着一个疑问：无论是勇立潮头实现产业振兴，还是冲破短视的观点来做好生态，抑或是创造机制做好社会服务，再或是大胆办起城里才有的高水平教育……凤池人的骨子里，到底流淌着什么样的血液，凤池人有着怎样独特的特质与精气神？

▌留在他们身上的"疤"

凤西村70多岁的老人梁伯，永远记得留在自己身上的"疤"。他毫不避讳地掀起自己的裤子，一些类似于灼伤的疤痕布满了小腿。"这是以前编鞭炮时留下的。20世纪60年代初，我们做小加工，鞭炮加工，凤池很多人做，因为我们通常在家门口席地而编，白天太阳猛烈，晒到一定程度，鞭炮就'嘭嘭'自燃，炸在小腿上了，当时我们为了赶工，也没觉得痛。现在凤池很多老人身上都留有类似的疤。"

有很多历史记忆，除了留在土地上，也留在人的身体和心灵里。梁伯符合大多数凤池老人的人生轨迹："从小就出生在凤池，从农民到工人，看着凤池从有田到无田，从"两菜一袋"，到搞工业，又到现在搞商业。"

路遇笔者时，梁伯正与一群凤池老人在凤西公园下棋归来，谈凤池的历史，是他津津乐道之事。说到动情之处，他会提高音量，像孩童一样举起双手比画，或是用力挺直腰背，身体微微前倾，目光灼灼，仿佛要把我们重新带回那段历史里。

二十世纪六七十年代，凤池凤东、凤西、西边、小布四个村都有集体经济，例如做砖厂、做草绳。当然，也有很多顽强的个体户编鞭炮、做麻包。梁伯说："我们从广州、中山、顺德等周边地区采购回来编零散的鞭炮，像女人编辫子一样；补有破洞的麻包，也像女人补衣服一样。"这或许算是最简单的商业模式，最简易的加工。

"我们那时候很穷呀，三兄弟住一间烂泥房。"梁伯清楚地记得，那时候坊间流传着一句话：有女唔嫁新村。新村，是改革开放前凤池的另一个称谓。这句外乡人对凤池的评价，被梁伯重复了几遍，甚至有点耿耿于怀："那时候，大家都看不起凤池，有女都不嫁过来，因为嫁过来总是干苦活累活。所以，我们憋着一股气，光靠种田不行，只要有一丝能赚钱的商机，大家都紧紧抓住，鼓足劲干！"

梁伯说到动情处，掀起自己的裤子，露出小腿处那些在困苦年代拼搏留下的"疤"，这些疤，如今成了难以磨灭的历史见证。

诚然，很多记忆的"疤"也留在了年青一代的心底。现年40多岁的小布居民李浩津至今还记得读幼儿园时，"妈妈在辛苦地编麻袋，我在一旁帮忙收拾和补麻袋"。而当他读小学时，他的班主任是凤东村民，下了班就回家发豆芽，半夜骑自行车载豆芽去广州卖，再踏着未散的晨雾，赶回来上课刚刚好。他深有感触地说："老师那种拼搏勤奋的精神，给我们全班同学都留下了很深的印象。"

出生于 1981 年的凤西居民曹健锋还深深记得那一幕："我还很小的时候，爷爷和爸爸会把我带到西洋菜田边，我乖乖地站在田埂上，看着他们躬耕细作。感受到他们的辛劳，我们则学会更努力。"他坦言："现在每次吃着西洋菜，都会想起孩提那种感觉。"

很巧的是，这两个年轻人成年后，都选择了回到凤池，纵然有很多因素，但童年记忆的召唤也是当中一部分。李浩津在外漂泊闯荡十多年后，以 40 岁"高龄"考取小布社区村长助理，凭着对本土的熟悉与洞察，从最初的茫然，一路摸索，工作上渐入佳境。曹健锋则坚守凤西经济社做一名平凡的社区工作人员，日常工作是处理与国土有关的事务。此外，他还积极参加社区活动，年纪轻轻，但对凤池历史和现代故事信手拈来，人称凤池"百事通"。

或许多年后，李浩津的儿子，曹健锋的女儿，也会说起父亲在凤池的故事。

凤池不只是地头好

年老一代的梁伯、为凤池引进西洋菜的曹炯溪，及年青一代的李浩津、曹健锋，构成了凤池人物群像的缩影，他们在凤池亲历的故事，都共同佐证了一个事实：凤池不只是地头好，凤池人还有自己特别的精气神。

或许大家会说，身处大沥的凤池之所以能这么旺，全赖"地头好"，因为紧邻广州，有两条国道交会。没错，地头好归地头好，紧邻广州的地方也不止凤池一个，而凤池人骨子里的重商创新基因，才是凤池拥有今天成就的重要原因。

地理位置、地形地貌决定了一个地方的发展机遇，也决定了这个地方人们的思维方式，凤池就是这样一个典型的地方。我们不妨回溯历史长河，看看凤池人的重商创新基因是从何而来的。

凤池位于大沥核心腹地，321国道、325国道、禅炭公路的交会处，地理位置得天独厚，交通发达，条件优越，辖区面积1.45平方千米。它具有得天独厚、不可复制的区位优势，地处广州珠江上游，省佛通衢横贯其中，数百年来就是广佛两地以及中原和广州交往的"十字路口"，因而这里自古以来就是旺地，更是人才汇集、手工业繁盛的古镇。

站在省佛通衢的五眼桥上，往东走是千年商埠广州沙面，西行则直通佛山大沥。自唐宋以来，广州就是中国"南大门"的通商口岸，是整个岭南乃至华南地区对外贸易的窗口。清代，广州作为唯一的对外通商口岸，沙面变得更加繁盛，其北面的十三行几乎垄断了整个中国的贸易，成为19世纪末世界超级的贸易区。

广州十三行，清代中国与世界联系的"一口通商"之地，是我国海上丝绸之路重要的港口，作为毗邻"十三行"的上游腹地，近水楼台的大沥汇聚了五湖四海的各种手工业者、商人和平民。用当代人的话来说，就是创客汇聚、博采众长、创新发展之地，随之衍生出多个重要的工业，比如说藤编业和爆竹业等，呈现市井繁华，商贾遍地之景。

毗邻广州的大沥手工业因为地缘和市场优势而得到迅速发展。据《大沥街道志》记载，大沥传统的手工业发达，且种类相当丰富。包括酿酒、爆竹、棉织、土纸等，工业有卷烟、粮食加工等，其中酿酒和爆竹烟花也有 300 多年的历史。清道光年间，南海出产的米酒行销港澳及南洋各地，大沥就是产地之一。1921 年雅瑶蒸酒业盛行，酿酒坊达 45 家，从事蒸酒行业人数有 360 多人，日产米酒6 000斤，销往广州、佛山等地。

随着现代交通的兴起，20 世纪 70 年代开始，省佛通衢古驿道渐渐退出历史舞台，广佛公路正式成为广佛交往的新纽带，滘口是这段纽带的"始发站"。没有人能想象，短短数十年的时间，原本始于广州滘口，终于佛山谢边的广佛公路，竟然从一条过境国道演变成一条"黄金商贸走廊"。

丰富的物产和发达的交通，使大沥商业和饮食服务业兴旺发达。在浓郁的商贸氛围之下，自带开放创新基因的沥商，在广佛甚至全国声名鹊起。当改革开放的春风吹遍神州大地，大沥人骨子里的商业情结立马被唤醒：中国铝材第一镇、中国有色金属名镇、中国内衣名镇等名号接踵而至。

位于大沥城区西部的凤池，承袭了其重商创新基因，步步相随，并在"新"上更加重了自身的特色。从最初的"两菜一袋"，到凤铝、坚美两家龙头的诞育，再到凤池装饰材料市场、全铝家居产业，一直都与其对商业极强的敏感和敢为天下先的创新不无关系。

"凤池人无依赖，必须拼搏。一路靠着顽强的精神，凤池人跟着共产党的政策引导，盘活了这块土地。努力发展，大胆创新，所以一直走到了现在。"这是凤池一位普通老人梁伯自己总结的凤池精神，也是他的肺腑之言。

倾听普通民众的真实故事和声音，或能给我们更真实直观的启示。

结语

　　不同于传统的农村，凤池的文化振兴之路，必然是开放和包容的，这一点，凤池的干部们早有清醒的认识，"毕竟，如果没有那么多外来人经商居住，凤池的产业就不会这么兴旺，凤池的物业也就带不来那么多收入"。因此，凤池的文化氛围一直在引导本地居民与外来人员和谐共融。公园、图书馆、活动基地、各类活动，都是向外来人员敞开的。而在硬件载体的打造方面，除了有能承载乡愁的乡情馆，也有着体现本地、外地人共同奋斗的乡村振兴馆。以这些公共空间和文化活动为纽带，原本不怎么往来的本地、外地人互动起来了，原本觉得"背井离乡"的外来人也找到了家的感觉。

　　拼搏创新的凤池精神影响着这些外来人，他们也在拼搏奋斗中书写着凤池新的辉煌。这不是一个传统意义上的农村文化样本，而是一个新型的社区文化样本。

第四章 生态振兴：见缝插绿"富而美"

地处中心城区，没有万亩良田，没有山林小溪，凤池社区的环境生态，早已不同于传统意义上的农村，也无法打造出或世外桃源，或山清水秀，或渔樵耕读的乡村小景。作为"城中村"的凤池社区，只能像香港等大都市一样，在寸土寸金的有限土地上，见缝插针地搞环境、搞生态。

好在，凤池人的生态意识萌发很早，其城市规划和公园建设的理念与行动，早已超越珠三角很多富裕之村。凤池还引导全民参与生态振兴，如引导大家"扮靓"自家的阳台、小院，凤池的生态振兴之路，是一条属于"城中村"的岁月静好之路。

第一节　城市中心的"小家碧玉"

万千词句谋篇始，株苗未芽先量田。

凤池，区区弹丸之地，却拥有 4 个公园，村道竟也有 10 米宽。一个村庄就是一个小区，闲置空地和宅基地的利用率均达到了最大化，这样的格局，其实要归功于 20 多年以前的超前谋划。

乡村振兴，规划先行。随着乡村生态振兴战略的持续推进，对乡村进行统一规划就成了不可回避的问题。乡村需不需要规划？或者应该如何规划？凤池经验也许可以借鉴。

图 4－1　俯瞰凤池全景图

▋十米村道的故事

"哇，这是农村吗？"第一次走进凤池社区，人们往往都会心生这样的疑问。诚然，如今的凤池已经没有多少农田，村民也不再从事农业生产。取而代之的是整齐有序的街道、成排成片的"别墅式"楼房、亭台水榭一应俱全的公园，以及街头巷尾成片的簕杜鹃，看到此景此情，你绝不会把它联想为一个村子。

时间倒回到 20 多年前，凤池还是一个以农田、菜地为主的"地道"小村庄，房屋挤簇杂乱，巷道狭窄曲折，环境也不是那么整洁。村民主要靠种西洋菜、发豆芽菜谋生，所以当时凤池还被人们称为西洋菜村、芽菜村。"那时候大家都不富裕，生产劳动比较辛苦。"现任曹氏族谱编委会成员曹耀南说。

至于它为何脱胎换骨，成了现在的模样，还要从 1995 年说起。

那时候，全国铝企龙头坚美、凤铝已在凤池诞生了，年交易额超百亿元的凤池装饰材料市场正在酝酿之中，村民们的腰包也随着"分田到户"政策的实施慢慢鼓起来了。

"乾转坤旋改变一穷二白；寒消春到迎来万紫千红。"曾任西边村村小组组长的陈松安用一副 20 个字的对联，总结了他对改革开放后生活水平提升的感受。据他回忆，1993 年西边村以"借鸡生蛋"的方式，依靠一个又一个私人老板的力量平整了一片土地，这片地前五年只收一半租金，相当于以租金抵押了平整地块的费用。"填好土的第一年，我们村的年收入就由原来的 14 万元变成了 60 万元，多出来的就是这块地的租金收入。"陈松安说。

图4-2　大沥凤池社区（《珠江时报》记者方智恒摄）

在改革开放春风的吹拂下，凤池的村集体和村民都富起来了，和中国大多数农村一样，荷包鼓起来的他们，首先想要解决的问题是修路、盖房子，凤池当时的想法是建设一个新区。

新区究竟要建成什么样子？凤池人的答案是：规划先行。"我们在20

世纪 90 年代，就对整个社区进行了统一的规划，居住区、商业区、厂房划分得很好，为了平衡经济和文化建设，之后的规划又完善了很多次，奠定了现在凤池社区建设的雏形。"大沥镇凤池社区党委书记陈伟津说。城市规划在城市发展中起着战略引领和刚性控制的作用，做好规划，是任何一个城市发展的首要任务。

从 1995 年开始，凤池开始谋划分配宅基地，对每一块宅基地进行了测量定界，并确定了方位面积。凤池老干部曹满荣对当时凤东分宅基地的情景记忆犹新："我们组织村民进行了两轮抽签，第一轮抽顺序签；第二轮才正式抽宅基地，村民按照第一轮抽的顺序，依次抽取。很公平的。"

根据当时的政策，每户可以分到多少平方米的宅基地，新区的路怎么做、做多宽，也纳入了决策者的思考之中。那时，现任佛山市科协主席刘涛根还是凤池村委书记，他觉得改革开放后的凤池，已慢慢脱了"村气"，有了城市的味道，日后家家户户的汽车，肯定也会多起来，于是积极争取拓宽道路。"当时的政策，是村道只能做到 4 米宽，大沥镇党委书记特批凤池可以做到 7 米，凤池觉得还是不够宽，后来又争取把工业用地的指标拨了 3 米出来，这样就有了现在 10 米的巷道，并且在建的时候还铺设了污水管网。"现任大沥镇党委委员、凤池原党委书记曹应均回忆道。

1996 年 11 月，凤池新区全面铺设了大小水泥道路二十多条，主干道16 米宽，巷道普遍 10 米宽，方正而笔直。

分得了宅基地的村民们，也开始开开心心地建房。"到处都是提升架，泥水工人，一片热闹景象。"曹应均如此描述当时的情景。到 1999 年年底，凤池新区已建成了高层楼房六百多间，规模巨大的崭新楼群处处皆有灯光。

因为参与了当年的"超前规划",曹满荣至今仍觉得颇为骄傲:"有了当时分配宅基地和规划 10 米村道的举动,才有了今天的美丽凤池。"

村村有公园

其实当年的"超前规划",不仅争取到了 10 米宽的村道,还把建公园、篮球场的地块也留出来了。

"新村旧村交界的地方,全部留下来做公共文化空间,不作他用!"这句如今听来仍不过时的宣言,早在 1996 年,就在凤池这个小村庄响起。

1996 年 8 月至 1998 年 10 月,刘涛根任南海市大沥区党委副书记、大沥城区办事处党总支书记、办事处主任,这位生于南海的本土官员,显然最早嗅到了凤池散发的城市气息。当时,刘涛根提出,要把新村旧村交界的地方全部留下来建公园和绿地,让村民有一个放松心情、陶冶情操、休闲娱乐的场所。同时还提出要充分利用好旧村与新村之间的鱼塘,把鱼塘变成公园景观湖。

这件事,在当年曾引起轩然大波。"寸土寸金的地方,建公园岂不是浪费!"他的这个提议,受到了大部分村民的质疑。原因是随着经济的发展,凤池租地价格水涨船高,宅基地更是可以卖到很好的价钱,好多人都表示,要把地卖掉分钱增加收入。曹满荣说,凤东有些村民还提议要把地卖给万科。

那么多人反对建公园,怎么办呢?凤池组织了一场大讨论。

为了一时收益挤压人的生活空间,究竟值不值得?杀鸡取卵式的短视发展,究竟可不可取?村干部向村民抛出了这个问题,一时间凤池人人都在思考。最终，"以人为本"的规划思路占得了上风，大家普遍认同了：除了物质，精神层面的需求也应该得到满足。

余波还未平息。建设公园不仅占地，还要自己花钱，一些村民就有意见，觉得吃力不讨好。后来经过村干部频频做工作，大家的疑虑才慢慢消除了。

"建公园毕竟是对大家都有利的事情，阻力还是很容易消除的。"曹应均说。

20世纪90年代末，凤东公园、凤西公园开始建设。于是，新旧村之间的荒地里，种上了景观花木，建起了凉亭，搭了石凳，鱼塘边则砌了石基、加了护栏。而土地面积较小的西边村，便利用篮球场边的小小空地，建起了亭台连廊，用"见缝插绿"的方式修了个小公园。此后，村民晨运、聚会等各种活动，都可以在公园内进行了。凤池有了原本城市才有的公园，极大地提升了社区的宜居品质。

"现在大家日子都富裕了，就更加注重环境和身体。"家住凤池社区的关影红，是一位"太极达人"，已经练了近30年太极的她，眼看着凤池社区的环境一天比一天好。她说："90年代我刚学太极时，经常去镇上的广场练，后来村里的广场、公园建好了，就不用走那么远了。"

无心插柳柳成荫。虽然卖地分钱的念想没了，但配备了公园的优美人居条件，却让凤池物业租金大涨。"有了公园之后，凤池的环境变化很大，不仅本地人有了更舒适的居住环境，也有更多外地人基于商业便利和环境优美的双重原因，选择到凤池来居住生活了。当时在整个大沥的农村社区，租金最贵的就是凤池。"曹应均说。

在凤西文体楼做清洁的蔡阿姨和丈夫十几年前便来到了大沥："我老公做工程的，我们走遍了整个大沥，还是觉得凤池环境最好，所以我们一直都住在这儿。"

图4-3　大沥凤池社区凤西公园（《珠江时报》记者方智恒摄）

2017年，佛山第一场重点工作推进会，指向了美丽文明村居建设，宣布启动建设首批110个"环境美、风尚美、人文美、服务优"的美丽文明示范村居，凤池社区就在其中。借着这股东风，凤西、凤东和西边三个经济社的公园迎来了升级的契机。而小布，也开始建设公园，村村有公园的格局渐渐成型。

这其中，凤西和凤东的两个公园都以岭南建筑风格为特色进行提升。如今，走进凤西公园，五颜六色的鲜花盛开在绿树下，迂回曲折的桥廊、古色古香的凉亭耸立在花红柳绿中，处处彰显着典雅古朴的韵味，优美的环境让人流连忘返。经过改造，凤西公园现在变成了开放式公园，除了对花基、护栏重新砌上石料之外，社区还在公园内植入《村规民约》、家德家训等文化元素，让村民在潜移默化中接受文明知识的熏陶。

而凤东公园则以"和"为主题，是以社会主义核心价值观打造的公园。夏日的傍晚，被烈日烘烤了一天的凤东公园，在微风的吹拂下渐渐凉爽下来，吸引了劳作一天的人们前来乘凉，有人三三两两地散步，也有人带着孩子玩溜溜车，还有舞蹈队的阿姨们跳起了欢快的广场舞。

据现任凤池党委书记陈伟津介绍，凤西与凤东两个公园中间已开辟了一条绿色通道，这条通道把两个公园紧紧连接在一起，形成大公园格局。如今，绕着两个公园的绿道转一个圈已经有两千米。

此外，西边的三个公园凉亭也搭乘着精品村小组建设的东风，全部进行了翻新。环村道路也都铺上了沥青，村容村貌焕然一新。

"整个社区非常干净、有序，走路不用5分钟就有个公园，非常方便，而且社区治安很好。"在凤池社区居住一年有余的外地居民杜志渊说，他和妻子都非常喜欢带着不足1岁的孩子到凤东公园玩。

图 4 - 4　大沥凤池社区凤东公园（《珠江时报》记者方智恒摄）

　　出门见公园，处处享美景。凤西文体楼廊柱上有一副对联：凤翅腾飞盛世丰年皆富裕；池堂欢笑莺歌燕舞颂升平。这描绘的不正是凤池人今天的幸福生活吗？

农村有了"城市更新计划"*

在土地开发强度颇大的大沥镇，借"三旧"改造整合土地资源、释放城市发展空间，一直是城市化进程中的重要动力源。凤池位于大沥镇中心地带，"三旧"改造是其重点也是难点。

早在2005年，凤池就第一个"吃螃蟹"，率先引入BOT建设方式，在原先的木材加工市场上建起了凤池装饰材料市场。2007年，广东省"三旧"改造政策出台后，凤池装饰材料市场二期和三期、小布农民公寓等旧改项目也纷纷上马。

然而，原先的"三旧"改造项目，数年后已开始显露出弊端。

以2007年建成的凤池装饰材料市场项目为例，市场建筑13栋，均为2~3层商铺，主要经营铝材、配件、五金装饰材料等。但几年过后，市场面貌和形态已开始显得低端。

建装饰材料市场时，没有考虑到地下空间的开发，第二层、第三层商铺该怎么用也没琢磨清楚，导致项目的生命周期不长。但如果再次改造市场，一来成本很高，二来担心客户流失，进退两难。

"常常是一边改一边痛，有些项目虽然改造了，但是没过几年又落后了，虽然第二、三层楼的使用面积增加了，但是对土地利用率来说还是很浪费。"曹应均颇有感触地说。正因为这样，从2011年开始，一向敢为人

---

* 本部分写作参考了2014年4月《南方日报》刊登文章《凤池社区拟推整村"三旧"改造》，特此鸣谢！

先的凤池，做出了当时颇具超前意识的举动：与专业规划设计研究院合作，编制一个整体的城市更新计划。

经过详细考察，凤池决定与广州一知名的规划设计研究院合作，尝试以社区为主导，由政府提供指导和支持，编制凤池社区的整体城市更新计划。小到城市里的一个环保公厕，大到社区里空间布局、土地功能、产业发展、道路交通、景观生态等，都纳入凤池社区城市更新的整体编制中。

在这个过程中，凤池还引入佛山一地产策划公司，让其提供策划、运营、管理、营销等服务，对整体编制中具体商业项目的定位、成本计算、运营模式、盈利模式等进行把关。

凤池社区干部们的一个共识是，新的"三旧"改造规划要真正实现"见物又见人"，真正从规划制度层面实现"以人为本"。

"比如旧村改造后，本地人到哪里居住？因为凤池已没有宅基地可供分配，随着人口的增加，家庭数量的增多，如何解决新增家庭的居住问题被提上了议事日程。为此，我们专门规划了一个社区公寓，让本地人'上楼'居住；外来的高素质人才，怎样留住他们？我们在规划中就考虑到合理分布建设商业中心、文娱、学校等设施。"曹应均介绍说，把人、产业、区域、城市等众多因素系统性地纳入"三旧"改造规划中，是希望从全局和长远出发，让凤池社区的城市化发展走得更远。

在凤池社区乃至整个南海，每个项目的立项都需要村民代表表决通过。凤池社区干部介绍，此次计划推进的整村改造，涉及面广，需要极强的资源整合能力，如何与村民达成共识，变得尤为重要。

于是，在推行项目的同时，凤池便邀请策划项目的企业代表参加社员代表大会，向社员详细讲解项目，得到大家的认可之后再开展。"比如社区活动中心的建设，我提出要装空调，要请专业的社工机构进驻提供专业的服务，村民们都很支持，因为一切都公开透明，这个活动中心也是为他们服务的。"曹应均说。

事实上，这些年来，凤池尤其善于把各种政策红利转换为发展红利，提升社区的整体面貌。如借助大沥打造"美城美家"行动计划的机遇，实现了凤东竹基路扩宽、凤西公园升级改造、西边村道路绿化工程。而2017年佛山推行的美丽文明村居建设项目，凤池除了升级改造凤东、凤西、西边公园及新建小布公园，还先后完成了凤东、凤西新区主干道的提升，并活化了一批古建筑，建成了富有凤池历史内涵的乡情馆及南海首个乡村振兴馆，整体卫生环境也有了质的提升。

第二节　拥有五星级公厕的村

　　农村人居环境整治工作，是实现乡村生态振兴的一场硬仗。垃圾乱堆乱放，污水乱泼乱倒，厕所配置不全，或许是当今中国许多农村普遍存在的卫生难题。

　　然而，在凤池社区，为何能实现从"脏乱差"到"绿富美"的华丽转身？又为何能让村民们也自觉地爱护村居环境呢？

▌ 何必花钱建公厕？

　　在凤西公园的大池塘旁边，有一座古色古香的建筑，白墙灰瓦，飞檐翘角，清新素雅中透着浓浓的岭南风情。你能猜到这是什么建筑吗？

　　到凤池访友的林旭做出了这样的猜测："可能是一个图书馆，或者是一个供人休憩的驿站？"当她从建筑的标识牌上看到这是一座公厕时，感到十分意外。

　　是的，如果不留意门前的标识牌，很少有人会想到这是一座公厕。抬脚进去，里面的环境透气而明亮，各种设施崭新而整洁，还配有自动感应冲水和洗手设备，一扫人们对乡村公厕"脏乱差暗"的印象。在全面开放后，这个公厕被凤池村民誉为"五星级公厕"。不少村民或者外来探访者，甚至还会站在公厕拱门内往外拍照"打卡"：半月形的拱门，与外面的公园、花木、古意盎然的曹氏大宗祠相得益彰……随手一拍，就是一幅美景。

图 4 – 5　社区公厕

从前，在河涌纵横的南海，许多水乡人家喜欢在鱼塘边搭茅厕，两块木板搭在鱼塘上，排泄物直接拉进鱼塘。如今有了能与五星级酒店里的厕所比肩的公厕，实在是颠覆了村民们对于厕所这一寻常之所的想象：最脏的地方竟然搞到了最靓。

"等到三月黄花风铃木开花的时候，很多人都来拍照呢。你要去洗手间吗？快去快去，很干净的。"当笔者在曹氏大宗祠门口遇到凤西村民李渐想时，她指着斜对面的漂亮公厕如是说道。

其实，当时要把这座厕所建在凤西时，大部分村民都是反对的："家家户户都有厕所，凭什么要花这么多钱去搞个公厕？凭什么要建在我们村占我们村的地？"

实际上，凤池原来也有几个公厕，为什么还要规划一个新的呢？原来，在2010年之前，凤池社区的公共厕所都是晚上10点后就上锁了。为什么？"村民家家户户都有洗手间，晚上用洗手间的都是外地人。村民认为，晚上开放会浪费水电，导致公共开支大。"凤池社区党委书记陈伟津介绍。

然而，公厕晚上不开放，虽然节约了水电，但问题也随之而来。外地人没有地方方便怎么办？社区阴暗死角就成了他们的"露天厕所"，随地大小便等许多不文明现象让村民苦不堪言。

与此同时，这种情况也引起了凤池领导班子的反思。"我们意识到，这种情况如果继续发展下去，将非常不利于凤池本地、外地人之间的和谐共处。"现任大沥镇党委委员、凤池社区原党委书记曹应均说，外地人也是凤池前行的"同路人"，不应遭到排斥，后来就将公厕设置成了24小时开放，并决定全面提升公厕标准。

怎么提升？凤池计划要按照南海最高的公厕标准来建，目前标准最高的是哪里？当然是千灯湖、蟠岗公园的洗手间啦，凤池就决定将其"搬"到凤西来。"我们组织了相关人员去那里参观，准备按照其标准来建。但村民们觉得没必要、不划算。"曹应均说。

"别说普通村民，当时听到这个计划，我也是不同意的。"凤西经济社社长曹锐华笑着说。

在南海的农村社区，建设和维护公共设施的成本多由经联社出资。这使得社区的公共服务往往都具有封闭、排外的特点。凤西要建一座如此豪华的公共厕所，意味着要用掉更多的土地和更多的资金，村民们自己又基本用不上，提出反对意见实属平常。

村民不同意，公厕就建不成，怎么办呢？"我们利用党员沙龙、村民代表大会等渠道，抽丝剥茧地把利弊都跟大家分析透彻，他们慢慢地也就接受了。而当厕所建好以后，他们开始以拥有这个厕所为荣了。"曹应均说。

如今，凤西的公厕有专职的保洁员维护，从早上6点到晚上9点，一天最少搞8次卫生清洁工作。真的做到了像五星级酒店的厕所一样，干净无臭无积水。

▌最脏的地方变得最靓

小厕所，大民生。曾几何时，谈及农村厕所，很多人会嫌恶地摇摇头，"如厕难"成为群众反映强烈的突出问题。党的十八大以来，习近平总书记在国内考察调研过程中，经常会问起农村厕所改造问题，强调要坚持不懈地推进"厕所革命"，努力补齐影响群众生活品质的短板。

心理学上有个名词叫"破窗效应"：以一幢有少许破窗的建筑为例，如果那些窗不被修理好，可能会有破坏者破坏更多的窗户。同理，厕所会变脏，不久后就会有更多垃圾，最终人们会理所当然地不爱惜厕所。

提升厕所卫生标准，让厕所一尘不染，来上厕所的人就不会随意乱丢垃圾，"破窗效应"就能及时制止。在"厕所革命"这条路上，凤池人走出了一条新的路子。

不过，在全国推行"厕所革命"的过程中，也有一些新建厕所因设施配备过于齐全，偏离了干净方便这一方向而引发争议。比如，某城市一座"五星级"公厕竟然还安装了电视、无线局域网、手机充电器和自动擦鞋机。

那么，对于凤池的"五星级"公厕，人们或许也会有如一开始村民们那般反应：有必要吗？

"我觉得很好。"这是之前的"反对派"曹锐华给出的答案。是的，不仅村民们觉得很好，居住在凤池的外乡人、来凤池做生意的商人们也觉得很方便、舒服。升级改造后美丽翻倍的凤西公园，村道整洁、池塘水绿花美的凤西，也只有这样一座漂亮的公共厕所，才能显得和谐般配。实际上，据笔者体验，这座五星级公厕除了外表不一般，内里的设施并没有脱离公厕的本质，除了如厕和洗手两项主要功能的配置，不曾看到什么花哨之物。

图4-6 大沥凤池社区垃圾压缩站（《珠江时报》记者方智恒摄）

除了公厕，垃圾压缩站也是看似细微，但是对人居环境有着重要影响的建筑之一。在凤东公园旁边，有一处青砖黛瓦、鲜花环绕的美丽建筑，人们不看标识的话也很难猜出它的功用。

其实，那是凤池的垃圾压缩站，主要对生活垃圾进行无害化处理。"我们原本以为垃圾站建在村里面，会造成很大的影响，没想到就算走得很近，也完全闻不到臭味。"正在凤东公园里散步的曹伯，笑呵呵地对笔者说道。

此外，凤池辖区内的鱼塘河涌也会进行定期清理整治；辖区生活污水管网则已经与城镇污水处理厂联网……同时，凤池还制定了长效的卫生管理监督机制，设立环卫队伍，做好辖区内保洁、除四害等生态环境保护措施。

实际上，凤池历来对卫生环境的重视程度，可以从一串又一串荣誉称号中窥见一二：广东省卫生村、佛山市南海区第一批示范村、佛山市生态示范村、南海区十大特色健康村……

1990 年创建卫生村时，作为第一批试点村，凤池掀起了第一轮卫生革命。2003 年，大沥被命名为"国家卫生镇"后，凤池也在创广东省卫生村。从那以后，凤池的卫生清洁也被正式纳入了大市政模式。

"每年保洁费用就有 80 多万元，加上除四害的，大概 100 万元，镇里出一部分，村里出一部分。"曹锡章介绍，纳入大市政之后，人员、设备投入都很大，因为清洁工具齐全，清洁工人扫得快清得快，凤池卫生环境大有改善。

而凤池与下辖各经济社根据实际情况研讨、拟定的《村规民约》，则对村民应负的环境保护责任做出了硬性规定。

在凤西经济社，20 世纪 90 年代一直沿用至今的《村规民约》被重新修订。修订后的《村规民约》包括多方面内容，其中，涉及"车辆严禁乱停乱放、落实门前'三包'工作"这一类有关环境保护的条例。并表明，对不履行《村规民约》的股民，如屡教不改，并造成集体经济损失的，经济社有权停止全户股份分红。

修订后的西边经济社《村规民约》也有关于环境提升方面的内容，其中包括了保护生态环境、搞好居家卫生、杜绝污水横流、车辆严禁乱停乱放等详尽的细节。这份《村规民约》要求西边经济社全体村民共同遵守，不履行《村规民约》，对集体公共利益造成损害或影响的，将受到一定处罚。

此外，凤东、小布的《村规民约》也顺利通过了投票表决。四个经济社制定的《村规民约》，都不约而同地涵盖了引导村民爱护环境的内容。凤池如今的这份整洁和以后的整洁，《村规民约》的实施功不可没，也必不可少。

2018 年冬天，大沥召开了贯彻乡村振兴战略工作推进会，确定把"三清理三拆除三整治"工作纳入大沥镇各部门、各社区挂图作战项目。

其中，"三清理"行动尤其着重从细微处着手，打造宜居环境。这一行动以农村垃圾治理和村容村貌提升为主攻方向，着力改善农村人居环境，全面建设村容整洁有序、生态环境良好的岭南特色鲜明的生态宜居美丽乡村。公厕建设也是其中之一。大沥计划以此次"三清理"行动为契机推进"公厕革命"，加快城乡公厕建设和提升公厕标准及管理标准。

另外，大沥还计划对全镇的生活垃圾、餐厨垃圾、绿化垃圾、建筑装修垃圾、一般工业垃圾、大件垃圾进行分类收集处理，构建完善的垃圾处理体系，实现垃圾资源化、减量化、无害化。

2019 年元宵节当天，南海区区长顾耀辉带队到大沥镇调研，巡查了大沥镇乡村振兴示范点——凤池。看到整洁美观的村容村貌、宽敞开放的绿地空间、鲜花盛开的村居美景，以及村民其乐融融的生活场景，他称赞："大沥的乡村振兴，超乎想象！"

无论是公厕建设还是垃圾处理，在大沥镇的战略甚至是国家级战略提出之前，凤池早就已经把设想变成了现实。不难预见，这个小村庄摸索走出的卫生革命之路，也是全国践行乡村振兴战略可参考的路径。

第三节　一排木棉树的深情守望

鲜花扮靓古凤池，美丽乡村入画来。漫步在这个小村庄的大街小巷，五颜六色的鲜花总能为你呈现一道亮丽的风景线。

一年一个新样，一年更比一年好。凤池教你最实用的"化妆"技巧。

▌巧借东风造"花满凤池"

人间三月，鸟儿鸣春。

当"花满沥城"计划正如火如荼进行之时，凤池迎来了一年里最美的时节。

凤西公园旁一排雄壮魁梧的木棉，鲜红艳丽的花儿簇立枝头；不远处的黄花风铃木，花儿正在枝头上金灿灿地摇曳。远远望去，满目红黄混杂的花色，与古老的曹氏大宗祠相互映衬，别有一番神秘的韵味。再看那金凤路的宫粉紫荆，纤柔又不失坚韧妩媚，将整条街渲染得异常烂漫。

"这里越变越美，真的好喜欢。"在凤池生活了好几年的生意人夏玲，这个春天着实被各种怒放的花儿惊艳了一把。每一次，她在朋友圈发出凤池的美照时，都会引来好多朋友围观点赞，她自己也倍感自豪。

大沥镇是广佛交界处的一个经济重镇，城市化程度高，土地开发强度大，商贸业相当繁盛，然而生态环境却始终是其不可回避的短板。2017 年，大沥镇启动"花满沥城"计划和美丽文明村居建设，剑指城市颜值和文明内涵的全面提升，决心要来一场关乎城市文明的"颜值重塑"。

而凤池，早在 2011 年社区绿化提升时，便有意识地在打造时花时景了。这其中，主干道凤池东、中、西路均种植了木棉树，中路的其中一段种植了黄花风铃木。而金凤一路及金凤二路则分别种植了细叶榄仁和宫粉紫荆。

每至初春时节，木棉花开一树亮红，花落后棉絮飘飞；黄花风铃木枝稀叶疏，倾情绽放着美丽的花朵，至夏秋又是枝叶繁茂的绿色景象；榄仁树高大粗壮，如伞般的枝叶总能在夏季准时开启遮阳功能……

大沥"花满沥城"计划的实施，无疑让凤池又迎来了一次美化村容村貌的绝好时机。

巧借美丽文明村居建设与"花满沥城"计划实施的两股东风，凤池在社区的主干道、公园、公共服务场所都种植了大量黄花风铃木、紫荆和簕杜鹃，逐渐形成了"一路一品种，一季一花色"的乡村景观，一场"以花美城，以花育人"的行动正在广泛铺开。

为什么不继续种植木棉？原来，村民们发现，木棉花开之时虽然美艳非常，但跌落的硕大花朵和飘飞的棉絮都对环境"不太友好"。因此，在不久的将来，凤池东、中、西路将全部换上黄花风铃木。而凤西公园旁的那几棵木棉树，将成为仅剩的"壮烈"美景，守望凤池。

事实上，除了政府主导的规划和举措外，大沥更希望在"花满沥城"的建设过程中，发动更多群众一起种花美家。

对此，凤池社区积极响应，通过提供种子种苗、开设种植花卉的培训课程、成立凤池花协美源护花队等举措，发动辖区内的学校、居民楼广泛种上时花，以提高社区居民种花的兴趣和热情，引导居民自觉参与打造"花满沥城"。

"你应该是浇水太勤快了，簕杜鹃可不喜欢喝这么多水呢。"2018 年 5 月，一场主题为"花美人更美，齐齐建美丽村居、花满沥城"的面对面活动在凤池举行，嘉宾与居民一起讨论种花养花和文明提升的促进关系。退休后爱上了种花的村民林芳，得到园林高级工程师杜庆权的指导后非常开心。那次活动，也吸引了一批新市民的积极参与，他们的融入将有效发动更多的居民去养花、爱花、护花，齐心共筑"花满凤池"。

此前，为提高全民参与"花满沥城"城市品牌建设的积极性，大沥举办了花满沥城"最美庭院"评选活动。经过近 9 个月的评选，凤池小朋友黎柏乔家入选了大沥镇十大最美庭院。

黎柏乔家几平方米的阳台花园里，三角梅艳若云霞，龙船花秀美多姿，屋内客厅也种满了各种绿植，观赏性十足。"环境好了，舒服很多，心境都变得不一样了。"奶奶黎月娴受到孙儿的影响，也爱上了侍弄花草。

与小柏乔家一样，凤池越来越多的家庭加入了种花美家的行列。走进凤池，不时便能看到居民阳台上或小院里探出墙来的秀美花枝。

"花满沥城"计划让凤池的环境焕发新颜，实现了"花满凤池"的美好愿景。缤纷繁花在"扮靓"凤池的同时，也润物无声地浇灌着凤池人的心灵。

并且，凤池的经验，还成为大沥的推广"模板"。2018 年 3 月 8 日上午，大沥镇组织各办局、各社区及相关单位负责人，在凤池社区召开"花满沥城"现场工作会议。大沥镇党委书记刘浩文要求各社区借鉴凤池的经验，推动"花满沥城"计划在辖区内的深入开展。

▌老房子长出了"新芽"

当穿行于凤池的寻常巷陌时，除了时不时迎面而来的花色，一些古朴清幽、颇具历史感的老房子也会在不经意间映入眼帘。这些历经风霜留存下来的古建筑，保留了绚丽多彩的岭南风味特色，也承载着一段段属于凤池的历史记忆。

但老房子被弃置的现状，却难免让人心生遗憾。怎样让这些古建筑焕发新光彩？凤池想出了好方法。

2017 年起，凤池趁着建设佛山市美丽文明村居的契机，对社区内部分古建筑进行修旧如旧，在恢复其昔日荣光的同时活化其功能，升级改造为乡情馆、乡村振兴馆、永春馆、党群活动中心等。

古建筑活化项目的投资分两块，一块是投资约 500 万元对 4 个馆进行修缮重建；另一块是投入约 100 万元修建巷道及下水道。这个项目的完成，将让凤池更具有历史文化的底蕴，让凤池的面貌变得更加秀美，有韵味，也让凤池在外的游子更记得住故乡。

图 4 - 7 大沥凤池社区西边村公园及文化墙（《珠江时报》记者方智恒摄）

2018 年秋天，经过大半年施工的凤池乡情馆改造工程顺利完成了。这个展示凤池社区历史渊源、社区建设、乡风民情、产业发展的村史馆，由位于凤东旧文化室旁边的允逮曹公祠改造而成，占地面积 178 平方米，投资近 140 万元。馆内分几大主题展区，分别是历史渊源、文物建筑、技艺传承、乡风民情、产业发展，图文并茂，再现过去的历史故事。

按照修旧如旧的原则，乡情馆保留了一些旧的建筑材料，又增加了新的元素，主要向社区居民及前来游览观光的市民展示凤池的风土人情。

"我觉得这个乡情馆，记载了凤池的变迁，不但可以唤醒我们的旧记忆，同时也可以令我们更加深入了解凤池的历史文化，也对后代有个乡情教育。" 90 后社区居民曹小姐说道。

此外，凤池利用旧祠堂东山曹公祠和聚仓曹公祠建设的南海首个乡村振兴馆，也已经开馆了。该馆系统地展示了凤池改革开放 40 年发展成就，并作为南海首个新时代文明实践站贴心服务群众。

凤池社区党委书记、居委会主任陈伟津说，凤池打造乡村振兴馆，是为了展示凤池在产业、人才、文化、生态、组织等方面的发展探索，记录凤池改革发展成就，展现凤池创新精神，提升凤池人的自豪感，也激励凤池人不忘初心，奋勇前行。

同时，凤池乡村振兴馆也是南海新时代文明实践站。大沥镇文明办负责人邝子恒说，实践站将兼理论宣讲服务、教育服务、文化服务、科技服务、体育服务、信息服务等多功能于一身，零距离开展宣传思想文化服务工作。

而坐落于凤西公园旁的曹氏大宗祠，则为后世遗留下了精美的壁画，具有浓郁岭南风格的砖雕、木雕以及众多具有历史参观价值的珍贵史料文物。它们伴随着岁月的风霜洗礼，和祠堂一起见证了凤池的世代更迭，荣辱兴衰。

这座面积约 1 100 平方米的广府特色风格的祠堂，始建于清朝雍正时期，在道光年间进行了第一次重建，1999 年进行了第二次重建，现如今为佛山市市级文物保护单位。

现阶段，凤池社区在不断完善社区面貌改造的过程中，曹氏大宗祠已经和祠堂门前的广场公园、亲水长廊以及一些健民益民的休闲娱乐设施一起，成为以"孝德公园"为主题的特色文化景观。

图4-8　大沥凤池社区厚德楼（《珠江时报》记者方智恒摄）

　　凤池记忆正逐渐从这一栋栋老房子里"苏醒"，并以一种全新的姿态呈现，展现着新旧凤池的融合之美。而其他如天爵曹公祠等古建筑，又将如何"发绿芽、长新枝"呢？这值得我们拭目以待。

结语

农村美不美，环境好不好，直接关系着群众的生活质量。

在凤池，建一座古色古香的"五星级"公厕毫不突兀，似乎也只有这样的厕所才足以与这个小村庄相配；在凤池，无论是卫生整治工作还是道路、公园等公共设施的改造提升工程，最后的效果总能让人惊叹；在凤池，老房子"修旧如旧"、道旁种上花草后，美丽乡村立即看得见摸得着。淡妆浓抹总相宜，这得归功于 1995 年开始的"超前规划"。

因为有宽阔的巷道、整齐有序的房屋、预先留下的公园用地，所以后来凤池针对生态环境所做的一切努力，都有一个良好"底子"做支撑，各项措施不仅可以顺利实施而且成效卓著。

如今，凤池早已华丽转身，不再是大多数人印象中的乡村。诚然，一个地方的面貌与地域、产业、人才、文化等方面的发展都密不可分，或许凤池成长的路线难以复制，但它在生态振兴方面的超前实践，一定是可以被中国大多数乡村借鉴的。

路再宽一点，公园再多一点，红花绿树再种一些，卫生条件再好一点，群众的生活也就更幸福一点。乡村振兴战略的实施，让国内农村人居环境提升迎来了一次重大机遇，但由于历史欠账太多，任务还很艰巨。

根据实际情况科学规划，让良好生态成为乡村振兴的支撑点，"凤池经验"已经用事实证明了它的重要性。看着如今的凤池，谁还会认为乡村生态振兴不需要规划？

第五章　组织振兴：筑牢乡村战斗堡垒

大海航行靠舵手，乡村振兴靠组织。

人是事物发展的决定性因素，乡村振兴自然亦是如此。组织强，则乡村强；组织弱，则乡村衰。实施乡村振兴战略，实现"农业强、农村美、农民富"，着力推进组织振兴，建设强有力的基层战斗堡垒尤为必要。

而凤池乡村振兴所走的每一步路，都离不开基层党组织和经济组织的正确决策，离不开公开透明的决策和反馈机制，离不开全民参与的治理系统的构建。没有过分依靠于任何一个能人，每个决策的出发点都是为了集体，有一套完善的制度让干部清白干事，这个社区的战斗堡垒，不一般！

第一节　红色引擎　托起腾飞梦

一个支部就是一座堡垒，一个党员就是一面旗帜。一个好支部，可以凝聚起全村人的奋斗目标和精神动力。追溯凤池几十年的发展历程，党组织带头人发挥着不可磨灭的作用。从成为南海分田到户的试点村，到工业兴村诞育出坚美、凤铝两家龙头，到建设凤池装饰材料市场，再到如今跨界创新培育全铝家居产业……凤池振兴的每一步都离不开"红色引擎"的拉动。

■"拴"住党性靠什么？

邵满华和梁焕松，都曾经是凤池社区的书记。退任后，他们如今都有了一样的身份：经济社党支部书记。带着这个身份，他们分别在凤东和西边两个经济社里，继续发挥着自己的余热。

凤池社区管辖凤东、凤西、小布、西边四个经济社。凤池在所有的经济社设立党支部，旨在不断增强党组织的领导力与渗透力。

在凤池，有党支部的并不只是经济社。在南海实施"政经分离"后，基层党组织主要是对经济组织、自治组织起统领作用。大沥作为先发地区基层更是面临着繁重的社会管理任务和庞大的经济总量，需要创新党组织的设置形式去加强管理。2012年，大沥开始推进基层党组织优化计划，建设社区党委成为其中一个重要抓手。凤池成为大沥镇内首批党总支升格党委的社区。

社区党委的成立，就是谋求在"大党委"领导下，有效管理和统筹驾驭社区各种组织、资源，通过激发党组织活力，实现社区党建、社区服务的大发展。如今，凤池社区党委下辖12个党支部，包括经济社、公共服务中心、两新企业等，其中都有党组织的身影。

而凤池的党员人数也在不断上升中。截至2019年11月，凤池共有在册党员135名，其中预备党员1名。从年龄结构来看，凤池社区党员队伍趋向年轻化。然而，青年党员的时间及精力皆重点投放在工作上而无暇顾及其他，社区也缺乏青年党员参事议事平台。

如何改变这个现状？2012年起，社区党委推出了"党员沙龙"。定期在每个月末的周五晚上，组织社区35岁以下青年党员开展沙龙活动。

青年党员沙龙形式多样，坚持结合青年党员年龄和兴趣特点，以红色教育、政策学习、团建活动等形式开展活动。青年党员沙龙活动内容贴近现实。社区党委应社区不同时期发展状况，在沙龙活动上设置关于社区发展和居民生活的话题，以分组讨论或互动辩论形式组织青年党员学习研讨，激发青年党员参与的积极性。这些党员也借此机会学习上级政策法规，了解社区党建、生产、生活等情况，增强了凤池人的自豪感与责任感，同时也令他们感受到党组织的温暖，增强了党的战斗力与凝聚力。

图 5 – 1　青年党员沙龙

　　但是，党员沙龙毕竟每个月只有一次，频率不高，导致很多信息滞后。为此，凤池社区党委开设了专属的微信交流群——"党员先锋群"。这对于拓宽教育党员的渠道、提高办事效率，以及提高党员政治素质与思想修养，发挥着重要的作用。2016 年，社区里有一个股权固化到户政策的讨论，党员与村民对此印象最深，因为这个关乎每个人的利益。章程还没出之前，必须先组织大家充分讨论。凡是有价值的意见或建议，都被放到"党员先锋群"中，供大家分析和讨论。这为后来章程的最终落地，提供了强大的组织推动力。

▎村里有个暖心工作室

2018 年 12 月 22 日，冬至来临之际，凤池社区"和谐五十一工程"基地开展了一场别开生面的"包汤圆"盛宴。党员、社工及志愿者们围着桌子和面粉、搓汤圆、煮汤圆。在打趣中，他们将做好的汤圆分装好，送给社区的孤寡老人，让他们在冬至来临之际感受到社区的关怀。

图 5-2　暖心工作室揭牌成立

这是凤池社区开展"暖心工程"活动的一幕。在农村社区基层党组织不断"自我修炼"的同时，自 2018 年 6 月起，一场名为"党建引领·暖心工程"的行动，在大沥全面铺开。这个工程正在推动全镇所有党员、基层党组织进家门、听呼声、解难题、暖民心，它以服务为抓手，强化党员的教育和管理，密切党群、干群"血肉"关系。

党性要修炼，更要实践。而通过"暖心工程"发动党员服务群众，是凤池社区发动"红色引擎"的一个重要抓手。实际上，在"暖心工程"启动之前，凤池社区党委早已有了一个持续多年的特色服务——到经济社播放电影。社区党委花了近4万元买了整套电影放映设备，包括高清投影大屏幕等。放映员与志愿者以年轻党员为主力。每个月，他们扛着一大堆沉重的器材，带着从院线获得的影片拷贝，轮流到各个经济社的公园放映一场。

有了这些还是不够的，这毕竟只能让群众被动地接受服务。如何能让大家主动找党员诉情解困？凤池想到了一招：为党员建"工作室"。

2019年1月24日，一大早，凤东经济社党支部书记邵满华早早地来到了凤东公园北边的一栋楼房里。他穿上红色的马甲，胸前佩戴上党徽，跟支部里的其他党员一起忙前忙后地布置着一个100多平方米的场室。这就是凤东经济社新"开张"的暖心工作室，也是党支部今后的办公地和常驻地。

暖心工作室里分布着"汇暖流""知暖墙""习暖角""问暖坊"四个区间，承担着党员学习、服务公示、接待群众等功能。在门口，还有一张醒目的党支部党员责任岗值班表，清晰地展现着不同的岗位名称和领岗党员，以及相应的联系电话。从周一到周日，领岗党员都会在此开展不同的服务项目。

"以前无论是开党员会议还是组织活动，党支部通常都在凤东文体楼或其他地点进行，没有一个固定的办公场所，群众有时想找党员就没有那么方便。"邵满华说。随着暖心工作室正式揭牌成立，也意味着凤东的党员有了固定的常驻地，可以更便捷地为群众开展服务。

凤池社区党委书记、居委会主任陈伟津透露，通过建立暖心工作室、对党员设岗定责等方式，能有效地架起党群连心桥。这是凤池响应大沥"党建引领·暖心工程"的又一项具体举措。其他经济社随后也会陆续建立暖心工作室。搭建这样的平台，凤池期望的是大力提升党员的服务技能、增强服务的质量，同时更好地提升引领基层治理、社区服务和事业发展的能力和水平。

第二节　让权力在阳光下运行

能力建设和廉政建设，是党组织建设缺一不可的基石。只重能力建设，忽略廉政建设，则往往难以得民心；只重廉政建设，忽略能力建设，则往往造成"无为而治"，也很难获得大家的认可。凤池社区基层党组织的能力，已在产业振兴中得到极好的体现，而实际上，能让这支队伍一直保持这么好的战斗力，并总能实实在在地得民心，和凤池一直以来完善的干部制度密不可分。

▌村里成立了理财小组

每个月月初，来自凤东、小布、凤西三个经济社的曹健基、徐美虹和曹瑞仪，就会一起来到凤池经联社，打开经联社上了双锁的柜子，拿出记录本和经联社上个月的账单，来进行一对一的审查核对。

每张单据是否符合程序、开支是否合理……每月来经联社查账，是曹健基等人雷打不动的事儿，只有他们对这些单据审核通过后，会计才会将这些单据登记入账。因为，他们是经联社股东代表选出来的监事会成员，他们代表大家对集体的账目进行监督。

翻开厚厚的监事会审核账目记录本，在 2018 年 12 月 13 日的审核中，他们记录道：本月共审核单据 209 张，其中审核支出单据 175 笔，金额 3 640 312.76 元；审核收入单据 34 笔，金额 3 863 061.03 元。

审核结果：经过审核 2018 年 11 月的原始单据，对该月单据无异议，审核通过。上面端端正正地签着三个人的名字：曹健基、徐美虹、曹瑞仪。他们审完之后，还会对审核的结果进行公开。

实际上，这种财务公开和民主理财的制度，在凤池社区已经坚持了快 40 年了。据凤池老支部书记邵满华回忆，早在 1982 年，凤池便在社区和经济社两级经济组织设立理财小组。

理财小组的产生，也是有规范和程序的。其中在经济社这一级，先由本经济社的持股村民，选出股东代表，再从股东代表中选出三人为理财小组成员，三个成员中选一人为理财小组长，理财小组成员的任期和经济组织班子任期同步。而经联社的理财小组，则是由经联社股东先选出股东代表，而后再从中选出三位理财小组成员。

后来南海施行政经分离之后，镇里统一出台文件，要求各经济组织成立"监事会"，就由过去的理财小组转化而来。如今，经联社的监事会成员，往往是各经济社派一名代表，一般都是经济社的副社长，是懂经济懂理财的人员。曹健基、徐美虹、曹瑞仪便是所在经济社的副社长。

"这种审账的制度，既实现了财务的公开透明，又保障了干部的清白，施行几十年来，群众干部都说好。"邵满华说。

邵满华在 20 世纪 90 年代卸任书记后，因为在村里威望高、懂财务，2000 年前后被选为凤东经济社理财小组的组长。在一次审核单据时，他们发现了一个问题，自来水公司来全村抄表，当月的总水费为 10 000 元，但是凤东经济社股民以及辖区内各单位抄表交上来的数据，加起来只有 8 000 元的水费，两项数据之间有着 2 000 元的缺口。

会不会是干部出现贪腐问题？发现这一问题之后，理财小组第一时间对外公布了审核结果，但也难免会激起村民的猜疑，他们决定查清楚，给大家一个明明白白的结果。

为示公平公正透明，大家达成共识：由邵满华带着股民代表一起查。他们逐家逐户、逐个单位地核查，发现都没有出现遗漏，后来终于在一个很隐蔽的地方，发现了一个水表。因为这个地方是新开某酒楼的，水表也是新设的，抄表工不知道这里有个水表，因此一直都遗漏了，几个月下来，积累的水费已经高达 2 000 元。

真相大白之后，理财小组及时将查出来的结果，向村民进行了说明和公布。"原来真的不是干部贪腐！""幸好查清楚了，还大家一个清白！"经此一事，这项制度也越来越受到村民与干部的拥护。

凤池村民曹满桐便是被制度保护的干部之一。1998 年 9 月起他开始担任凤西经济社社长，他在任的十年正好是凤西快速发展的十年，也是凤西基础设施建设活跃的十年。其中为凤西经济社带来很好收益的凤池装饰材料市场一期，便是在那个时候建设的，之后还有凤西商业楼、凤西公园、凤西文体楼、凤西商业城等。

2005 年，三个凤西人写了一封举报信，直接交到大沥镇纪委，举报曹满桐贪污集体资产几百万元，这封信一下子把凤西以及曹满桐推向了风口浪尖，实际上，他早早就知道自己因为做人耿直，得罪了村里的个别人，这些人此前也威胁说要罢免他。"身正不怕影子斜，坚持公道办事何惧之有？"当笔者问到曹满桐当时有无害怕时，他坚定地告诉笔者。

收到举报信的大沥镇纪委，非常重视此事，遂安排时任镇农办主任带队，结合有关部门工作人员，进驻凤西进行了为期一个月的审查。审查时，工作组首先派人把凤西经济社的账目进行全面查封，然后对曹满桐等干部任职期间的每一张单据都进行审查，从资金使用是否合规、收支是否平衡、程序是否合法合理等方面进行详细的核查。每一位参与凤西经济建设的财务人员、经济社领导成员、企业老板、工头等也被叫来一起接受审查。面对每一张单据，每一项收支项目，曹满桐等经济社负责人都能够对答如流，毫不含糊。

最终审查结果公布：以曹满桐为首的凤西经济社领导，从来没有贪过集体的一分钱，没有收过老板与工头的任何钱财与礼物。时任大沥镇纪委副书记在审查结果出来时，当众说："如果大沥镇各村（社区）各经济社的账目都像凤池凤西经济社这么清白，干部都像凤池凤西一样那么廉洁，那我就不知道多放心了。"

事后，曹满桐感慨，那些年由于基础建设项目众多，用钱数额比较大，还要保证集体收入不断增加，保证900多股民每年的分红只增不减，经济社领导压力非常大，他们甚至把租户的保证金，都用在建设上了，以求项目早点落成，股民早点受益。

"但由于基础建设项目比较多，进出的资金数目巨大，加上其他地方的基层经济组织，确实有贪污现象出现，有人去告状并不奇怪。"曹满桐说，镇里来人审查更好，刚好证明凤西干部的廉洁。

到 2008 年，大沥镇规定村里重大建设须上镇资产交易平台，2011 年后更加严格更加透明地进行招标投标，其中规定标的达到 100 万元，租赁合同期五年或以上的必须上交易平台。这样能避免内部交易、围标、串标等不法行为的出现，干部也才能更清廉。

现在经济社与经联社的账目由镇里监管，聘用第三方的会计公司进行管账，监事会负责审核每个月的账单，社区与经济社把所有的单据交给第三方会计公司，由他们按照规定的程序进行做账。每月在社区与经济社里面公开有关账目。至此，财经管理的制度化建设走上了一条更加规范更加透明的大道。

▌凤西事件：凤西村村长被举报了

1993 年 4 月 7 日，在广东省政府门口，一支 100 多人组成的上访队伍，拉起了一条"还我土地，还我生存权利"的横幅，引起了不少人的驻足围观。

经过南海市委有关领导、大沥镇委书记、凤池支部书记等对上访人群的多番劝说，在市委领导答应回去马上组织调查组进村调查之后，上访的队伍终于平静下来，回去了。

实际上，早在当年 2 月、3 月，这帮人便已分别到大沥镇政府、南海市检察院等进行过上访，反映村长和副村长的受贿问题。在镇、市的调查组调查期间，这些上访人士又多次围攻调查组，要求他们马上撤换村长和副村长。

但经过调查组的调查，并没有发现村长及副村长贪污的证据，从调查来看村干部并不存在贪污行为，凤西参与上访的人员对调查结果不满意，随即将上访的目的地升级到省政府。

之后的调查过程中，上访人员仍继续多番设阻，甚至非法阻挠调查组召集的凤西村户主会议。并在 4 月 21 日晚上，秘密策划成立非法的"村政管理临时领导小组"，并于 4 月 23 日非法召开村民大会，宣读罢免村长、副村长和成立村政临时领导小组的"决议"。

4 月 30 日，曹某某等"上访组织者"，再次组织 157 名凤西村民，拉着三条横幅在省政府门口上访，甚至煽动村民在省政府门口下跪，拒绝省信访办人员派代表谈话的意见，扬言不见到省长就不罢休，时间持续了 5 个多小时。后因省政府工作人员多次劝解无效，越秀区公安局宣读其违反"游行示威法"，遂派出 200 多武警将示威者押送回村。

之后，公安部门经过缜密的侦察，对带头示威的几个人依法进行刑拘。后工作组通过驻村多日的调查，也对凤西村民反映的问题一一查明，梳理出关于凤西 16 个问题的处理决定，并召开凤西村民大会进行宣读，群众对调查和处理的结果表示满意。

笔者查阅当时的资料显示，决议中比较严重的是第 16 个问题，即关于凤池管理区"深水力"30 亩土地的问题。当时，群众反映凤池管理区干部将低价征得的土地以高价卖给个人，从中牟取暴利。据查，管理区对所征土地的处理是违反国土法的。

工作组认为，凤池管理区经济联合社把市国土局行政划拨给管理区用于建泡沫塑料厂的，名"深水力"的 30 亩土地，转让 27.219 2 亩给私人，违反了《中华人民共和国土地管理法》第二条第二款之规定，属非法转让土地行为。

凤池管理区经济联合社又把非法转让给私人的 27.219 2 亩土地中的 9.19 亩，以弄虚作假的手段编造了大沥镇凤池与南海市桂江房产开发公司合作开发建造商品楼宇为由，骗取了市国土局与南海市桂江房产开发公司签订国有土地使用权出让合同，是属片区土地使用权出让合同的违法行为。

"群众法制观念薄弱、法制不健全，农村部分地区无政府主义思潮泛滥，为事件的发生造成了一定的社会影响。"调查组认为，农村某些基层干部有以权谋私、办事不公、办事透明度不够等现象，是诱发农村某些地方不安定的因素之一。

这不仅是凤池遇到的问题，也是发展中的中国农村普遍遇到的问题。随着工业化的大步推进，农民普遍对失去土地后的生活心存焦虑和恐慌；对于集体经济如何又好又快地发展，集体经济组织负责人心里也没底；如何对不断膨胀的集体经济进行监督，才能确保其真正地惠及村民？这些都是发展中的农村亟须解决的难题。

实际上，财经作家吴晓波在《激荡三十年》里，对 1993 年的定义是：反转。在距离凤池 2 000 多千米的天津市静海县，有一个叫做大邱庄的村名扬天下，1992 年它以年产值达到 45.5 亿元，成为名副其实的"首富村"；1993 年 1 月，大邱庄的"致富神话"甚至登上了《纽约时报》："大邱庄实际上就是一个大公司。这个村只有4 400人，却有 16 辆奔驰轿车和一百多辆进口的豪华小轿车，1990 年人均收入 3 400 美元，是全国人均收入的 10 倍……"然而在 1993 年，这里的剧情也发生了大反转。

就在 1993 年，"大邱庄神话"戛然而止。禹作敏这位"中国第一农民企业家"，在率领村民取得经济辉煌发展的同时，家长意识也不断膨胀，并公然挑战法律。1993 年，他因命案和组织村民暴力抗法而锒铛入狱，走上了穷途末路。这一事件，也引起了全国上下对农村发展的思考：国有企业改制的同时，在农村施行股份合作制被认为是发展集体经济和保障村民利益更为合理的制度。

回到凤池，经历了"凤西事件"的凤池人，实际上也是对参与集体经济管理和社会自治的觉醒，这也提醒着凤池的干部，要建立更为公开透明、全民参与的决策机制，才能使全村更好发展，也更能保护干部的"清白"。

▎这个村的村长没有公章

"村长，我下个月要去日本旅游，可以帮我盖个章吗？"2019 年 2 月，凤西村的梁建芬要办日本旅游签证，需要经济社和经联社开具相关证明，她找村长签字之后被告知，村里的章都由经联社统一保管，她直接拿着签名去找工作人员盖章就行了。

梁建芬便来到凤池社区服务中心，找到工作人员为她盖章，看着工作人员拿着钥匙把柜子打开，再用另一把钥匙打开放凤西公章的专柜，给她盖上章，她忍不住感叹："我们村的公章放得好严实呀！"

工作人员欧阳景荣回应，没错，四个经济社和经联社的章都在这里，经由相关负责人签字后，要盖章都要统一来这里，每盖一个章都要在用章登记表上登记好。"这样虽然村民办事麻烦点，但是可以更好地维护集体的利益！"欧阳景荣说道。

村长、居委会主任不拿公章，而是由工作人员专门保管，是从 2010 年开始的。施行几年来，不但得到村民的拥护，也得到村长（经济社社长）的拥护。

凤东经济社社长曹耀荣，对此感慨颇深，他向笔者讲起自己耳闻目睹的一件往事。他说好几年前，他认识的一个其他村的经济社负责人，经常把公章放在裤兜或公文包里，以方便"随时随地"办公。有一回，这位负责人生病住院了，村民以及一些辖区内的老板，有事要找他盖章，就只能到医院一趟。虽然是办事，但到医院也得探探病，自然而然地要捎上一些水果、营养品等。他住院的那段时间里，因为前来办事的人实在太多了，病床旁就堆满了各式礼物，尽管他不想收下这些礼物，这些也不值什么钱，但是，此情此景，却为负责人的形象蒙上了一层阴影。"不知道的人还以为他故意借此收礼呢！"

这种情况虽然曹耀荣没有遇到过，却让人"心有余悸"。"把章拿在手上，看起来威风得很，但是，负责人如果权力过大，到时候遇到一些事情，还真不好说清楚。"曹耀荣说。因此，从 2010 年开始，凤池社区各经济社的公章全部集中放在社区管理的决定，他们都是全力支持的。

如今，凤池经联社及下辖 4 个经济社的公章，都存放在行政服务中心的柜子里，施行"双匙管理"。办理不同的事务，需要签字的责任人不同，如经济社的开支，由经济社负责人签名盖私章，相关办事人员到社区里找到工作人员，分别用社区、经济社的钥匙打开抽屉，才能盖章。盖章后，还会详细登记盖章的时间、内容、批准人、经手人等重要证据，由此做到了公开透明，有利于共同监督。而负责人没有公章这种措施，铲除了基层干部贪腐的土壤，促使基层干部清楚做事，清白做人。

2012 年，大沥镇农村集体资产管理交易办法、大沥镇农村集体资产交易立项审批联席会议制度相继出台。凤池虽然基本没有大型的资产或项目交易，但大量的材料装饰市场铺位时不时有续租情况。如何让材料装饰市场的续租更加公开透明？对此，凤池社区严格按照镇有关的工作要求执行，还召开全体股东代表大会，而社区监理事会和"两委"干部均参加会议，共同确定租金上浮空间以及续租的时间，从而确保广大社员利益。

2013 年 1 月，大沥镇向全镇农村社区印发了《大沥镇农村社区公章印章管理办法（试行）》，形成了公章、印章公开使用、集中保管、共同监督的"双匙管理"制度。凤池社区在时任党委书记曹应均的带领下，率先将经济社、公司、村民小组的公章、印章统一集中到社区设立的保管室，由社区党委与所属单位共同管理，并设立总监管员和监管员进行监督。

"双匙管理"制度的推行，斩断了利用公章牟取私利的链条，确保了集体利益不受损失；避免了那些"明理但不明规"的干部因公章使用不当而造成对自身或集体的损害。

在层层的制度把关下，如今，凤池的任何一项开支都要相互监督，任何一张单据都需要经手人、证明人以及书记签字通过才可以入账，大笔的支出还需要召开社区"两委"干部会议通过才可以支出。从租金收支情况到各类基金发放明细，社区都通过宣传栏等途径向全体居民进行公布。如居民对社区里的事务存疑，也可随时到社区办公室咨询查阅相关信息。

第三节　治理人人参与　成果人人共享

党的十九大报告提出"打造共建共治共享的社会治理格局"，并指出要"完善党委领导、政府负责、社会协同、公众参与、法治保障的社会治理体制，提高社会治理社会化、法治化、智能化、专业化水平"。

实际上，对于社会治理现代化的探索，在凤池社区已经开始很久了。如何防止村民坐等分红、不参加就业？如何在村里杜绝赌博行为、引导良好的社会风气？如何让越来越多的外来人，参与到凤池的社会服务中，而不被本地村民诟病？如何为当地居民提供更好、更专业的社会服务？凤池在探索中找到了一条自己的路。

■ 榕树下的纸牌消失了 *

每次经过凤池曹氏大宗祠，曹细生还是会习惯性往里一望。曾经，他和几个牌友常常在这里玩一种叫"三公"的纸牌。如今，这里没了往日打牌的喧闹声，只有老人们听着粤曲、闲话家常的画面。

---

* 本部分写作参考了《佛山日报》2012 年文章《坐享分红后就业路如何？》，特此鸣谢。

图 5 – 3 党员带头清理社区环境

这个转变，源于一个经过该社区经联社和居委会代表集体通过的治赌促就业条例。而这个条例的出台，则要从凤池曾经出现过的聚赌现象说起。

集体经济发展了，分红福利也提升了。但富起来之后，村里却出现了不少聚在一起赌博的身影。20 世纪 90 年代尤其是 2000 年以来，珠三角不少农村都发生着这样的变化。

曾经，这种现象在凤池也并不鲜见。诚然，这是一些个别现象，并不能代表全部村民。但这也确是失地农民一种既无地可耕，又不愿就业或难以就业的生活状态的写照。

曹细生的故事或许颇有代表意义。他原在当地一家餐馆当司机，后来下岗了。但他在凤池有一栋 5 层的新屋，一层店面和两层楼房拿来出租，每个月有数千元的租金。加上每年丰厚股份分红和福利，即使没有工作，日子也过得有滋有味。不用上班，每天总要找点事情打发时间。于是，平日里除了与村里人闲聊，他经常也会上牌桌试试运气，"吃饱了没事做，不玩牌，还能做什么"？

在凤池，像曹细生这样，凭借房屋出租以及每年村内分红等收入，不就业的村民有相当一部分。"加上外来人员多，人口复杂，闲散的人员慢慢滋生了一些问题，如聚赌的现象。"曾在社区分管治安的曹忠华，以前在巡查中就经常发现，村中祠堂、市场、公园等场所，无业者中聚众赌博的人越来越多，其中部分就是当地的村民。

这样的苗头为凤池敲响了警钟，这显然并非当初社区努力搞活集体经济想看到的结果。于是 2012 年 3 月，凤池社区开始着手制定了一份治赌促就业的村约，尝试将就业和福利分红挂钩。

该村约规定，凡在凤池辖区范围内所有公共场所参与赌博行为，提供赌具，协助放哨放水或者服务的人员，在屋内或隐蔽处提供赌博场所收取利润经公安部门行政处罚的村民，第一次将取消一年居委会和经联社发放的福利，有二次行为的，即时取消福利以及停止一年的分红发放。而没有参与分红的居民，则将取消一年一切证明的开具，不给予办理土地、房产证年检、变更手续和不批准办理房屋出租许可证等。

2012 年 4 月起，凤池在以往牌友经常聚集的地方共安装了 5 个监控摄像头，组建了村里的治安便衣巡逻队，监控村里的聚赌行为。同时还发动群众举报，只要一经核实的一律给予 500 元的奖励。

就是在这样的"高压"环境下，祠堂、公园这些以往喧闹的聚赌点，一下子变得冷清起来。"不敢再去了，没了福利和分红，简直是得不偿失。"曹细生说。从此，他和他的牌友们，都相继踏进了社区提供的就业培训班，重新走上踏实工作的道路。

▌属于所有人的慈善会*

关于凤池慈善会，坊间流传着这样一段小插曲。

有一年，大沥实验小学有一位外国老师脸烧伤了，一群人结队前去慰问并送上 8 000 元慰问金。外国老师感到好惊讶好感动："你们是什么社会团体？怎么会这么关心我？"孤身一人在异国执教，受伤时，有一个素昧平生的社会团体送来慰问金，这对外国老师是一种特别的慰藉。

这个社会团体，正是南海区第一个村级慈善组织——凤池慈善会。

在 2018 年的凤池社区慈善千人行活动上，为了表达自己的一点心意，社区居民陈松安快步走到了台前，往筹款箱中投入了 300 元善款，他说："每届活动我都来捐款，一人有难肯定要八方相助，这样才是和美凤池。"

与他一同上台捐款的，除了有辖区党支部、经济社、企业、学校、幼儿园等单位代表，还有不少热心的社区街坊。当天活动中，社区里的热心企业和热心街坊排成 27 个方阵，一边沿着规划路线行走，一边齐声喊着口号，向社区居民宣传慈善理念。

＊ 本部分写作参考了《南方日报》2014 年文章《慈善进社区：以慈善构筑社区归属感》，特此鸣谢。

图 5-4　凤池社区慈善千人行活动

图 5-5　千人行活动过程

成立于 2010 年的凤池慈善会是南海区第一个村级慈善组织，当年就举行了"慈善千人行"筹款活动，通过发动辖区居民、企业和工人参加，队伍围绕凤池社区走一圈，发动捐款并宣传慈善理念。这是凤池社区两年一次的盛会，体现了人人参与慈善，人人从慈善受益的理念。

这个辖区面积不过 1.45 平方千米的社区，聚集上万人口，这也让开展

"慈善千人行"活动成为可能，毕竟辖区面积太大，绕一圈可不轻松。人口居住集中，社区有氛围感，为凤池的慈善探索增添了特色。

成立慈善会的初衷是什么？曹应均说："都是为了推进共建共治，实现社会服务均等化，通过慈善募捐，可打破原来社会服务用社区福利费开支的局面，因为这样做股东是有意见的，那本身是股民的福利。但是，有了慈善会便可以兼顾外来人，在社区公开筹集钱，大家一起参与，服务也就可以均等化。"

2011 年 9 月，辖区某企业工人申请了 10 000 元资金，这也是慈善会当时单笔最大支出。另一位辖区居民，几年内先后申请近 20 次善款，这是一位 90 多岁的孤寡老人，居委会负责请来护工，善款用于支付特殊护理费，妥善安置了老人。

服务对象涵盖辖区居民，不分本地居民或外地务工人员。这是南海区大沥镇凤池慈善会成立伊始定下的规矩。多年来，当地依托"官、商、民"三股力量，拓宽筹款渠道。越来越多外来企业家、外来工的参与，也让他们享受到均等化公共服务。

凤池慈善会平时受社区老年协会会长、居民代表和居委会财务人员监督，确保善款使用公开透明。凤池社区一直觉得，公信力是筹款的重要保障，只有慈善组织公开透明才能取信于民。

一直以来，凤池社区都在探索完善慈善服务机制，力求丰富服务项目，提高服务的精准度。首次"慈善千人行"筹集了 44 万元善款，当时资助范围限定在大病救助，一年多才资助了几万元，钱花不出去。2012 年的第二次筹款后，凤池慈善会特地成立幸福基金，扩大善款使用范围。

凤池慈善会"幸福基金"帮扶项目突出对妇女、老人、外来务工子女和残疾人的关爱。在凤池社区看来，慈善会不是被动等人要钱，钱是大家集资的，应满足不同需要的人。

在一个地方长期居住，需要有一种"家"的归属感。慈善会资助外来工的举动，给受助者带去一些安慰。交流多了，彼此信任了，就更愿意参加社区活动了。由慈善会出资运行的"和谐五十一工程"基地，目的也是在于为本地人和外来工提供交流空间，促进融合，一起享受慈善服务，体现了公共服务均等化。

在佛山的很多农村社区，许多居民是外来人口，如何吸引这些居民融入本地文化社会生活，让大家和睦相处，是加强基层社会管理的重要课题。让

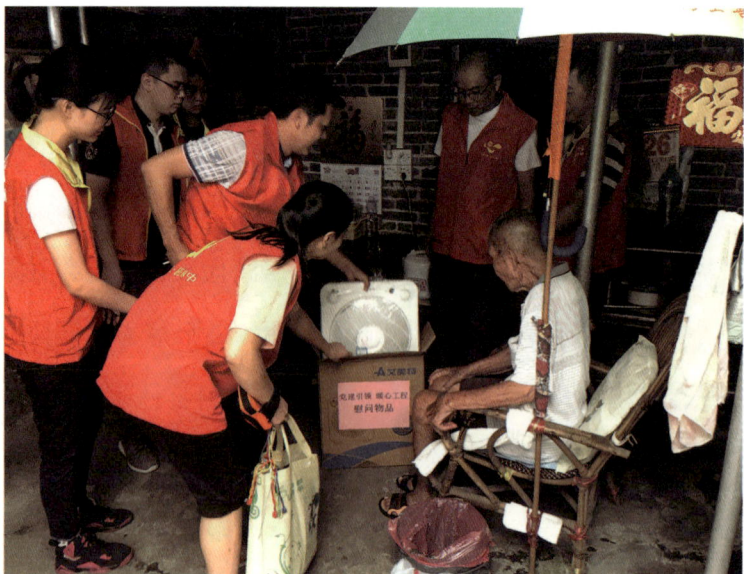

图 5-6　党员志愿者去看望社区困难老人

居住在这里的人喜欢和留恋这里，这就是归属感。如何打造归属感？如今，凤池社区给出的答案是：构建一个渠道，让本地人和外来工共同参与。凤池社区的选择是成立"凤池慈善会"。

2005年，一位小区女性居民身患白血病，短短几天，社区居民自发捐款10多万元。昔日的患者早已恢复健康，如今过上普通人的生活。2008年，凤池社区发动为汶川地震灾区捐款，按照规定，每位捐款者将登记在册并公示，一位外来工将1万元现金扔给工作人员之后匆匆离开，社区工作人员试图追问其身份信息，对方以"上班时间快到了，赶不及了"为由，始终没有告知。最终，在凤池社区公示栏写着"无名氏，10 000元"。

图5-7 凤池党员志愿服务队

经济发展过程中，如何弥合不同群体诉求？除政府一贯重视，社会参与亦不可缺位。这是南海区第一个村级慈善组织的实践。成立多年来，凤池慈善会给辖区外来工送去重症救助金，让外来工感到温暖；坚持照顾辖区高龄居民的晚年生活，为不参与分红的居民分担压力。在这个面积小、人口集聚的 1.45 平方千米土地上，凤池以"大家园"理念经营"小社区"，力促公共服务均等化。

过去的 9 年，凤池慈善会累计推动群团组织开展服务活动 30 多项，使更多的群众能够获得实惠，也汇聚更多的资源与人才参与到社区慈善事业中来。成立至今，凤池慈善会不仅资助了凤池户籍人员，还资助了辖区外来工、企业困难职工共 142 人次，且发动了越来越多有爱心的社区居民参与到社区慈善事业的发展中。

凤池村级慈善会的探索精神

无法否认，凤池慈善会作为南海区第一个村级慈善组织，具有一定的探索精神和可供研究的价值。

1994 年 4 月，全国第一个综合性慈善机构——中华慈善总会成立，它从成立之日起就明确要走出一条慈善组织独立发展的道路。中华慈善总会的成立，标志着现代慈善理念开始在中国树立。9 年后，2003 年，处于珠三角经济发展前沿的南海慈善会成立。

南海经济的快速发展及其带来的社会稳定问题，是政府与社会共同面临的挑战，健康有序地培育社会组织，使其充分发挥"蓄水池"作用，是应对这一挑战的关键环节。如何激发社区社会组织组织公益慈善，凝聚社会资源的力量，这给新形势下的社会管理提出了新的课题。一个大的原则是由政府统一社会组织发展目标，但新形势下显然不能依靠强制力取得这一效果。只能依靠柔性的力量，逐步统一社会组织发展目标，不断释放社会组织的慈善力量，逐步凝聚社会资源，服务于社会管理。南海《关于进一步培育和扶持社区社会组织的实施办法》明确规定，优先发展的五类社区社会组织中，慈善公益类社区社会组织赫然在列，排到了第一位。

正是基于此形势，凤池慈善会萌芽并发展。凤池通过组织公益慈善，凝聚社会资源，不断积累社会资本，成功解决了社区多项实际困难和矛盾，将平时的服务理念和社会资源慢慢累积到社区中，真正发挥了"蓄水池"的作用。

▌社工来了

2018 年 8 月，凤池社区小凤凰乐园暑期班完善收官。社区趁结业表演的机会，邀请凤池花协顾问手把手教学员们种花。小凤凰乐园暑期班的 40 名学员聚在一起，专心听凤池花协顾问伟叔讲解种花技巧。在社工和义工的帮助下，学员们陆续将花移植到新的花盆当中。周子杰就是其中一名学员。他说自己很享受这个时刻，因为不仅可以学到新知识，还能认识好多新朋友。

每年的寒暑假期间，别的小朋友奔波各种补习班时，凤池的小朋友们则迎来不一样的假期。因为，他们可以参加在凤池社区"和谐五十一工程"基地举行的小凤凰乐园寒暑期班。作业辅导、合唱、陶泥、画画……

在社工、义工们的带动下，小凤凰们参与的每一节课都充满着欢声笑语和起伏不断的掌声。

在 2008 年以前，社工在整个佛山都还是一个"新鲜事物"，很多市民甚至都分不清社工和义工到底有什么区别。2008 年，南海罗村以镇街名义购买了 5 个"社工岗位"，招聘社工进村居服务，自此拉开了佛山市对社会工作有益探索的序幕。2010 年 2 月，佛山市首家专业社工服务机构成立，开启了民办社工机构服务社会大众的先河。

让专业的人做专业的事，才可以更好地提高服务质量。2014 年，凤池也赶了这趟"时髦"，出资购买社工服务，打造了一个名为"凤凰爱家计划"的项目。这一行动，也让凤池成了整个大沥镇首个购买社工服务的农村社区。

以往，居委会什么都做，但并非什么都专。一般情况下，居委会忙于日常事务，事情做完也就放下了。而社工可继续跟进个案，时常有新发现，可为居民提供"私人定制"服务。社工在保证活动趣味性的同时，也会收集信息，发现居民新需求，及时反馈给社区或有关部门。

说到凤池的社工服务，潘绮云是一个不得不提起的名字。

说起潘绮云，一些凤池村民或许还是会条件反射地想起她曾经的身份——凤池社区纪委书记、妇女主任。工作勤勤恳恳、执行力强，是村里不少人对她的第一印象。扎根社区工作多年的她，2012 年考取了社工证。在工作中与社工的接触、合作越多，越让她对这个领域产生了浓厚的兴趣。思前想后，她终于决定在 2015 年辞职，投身到社工机构，以另一个身份继续为凤池的街坊们服务。

通过购买社会服务，凤池社区也支持社会组织孵化，居委会也引导群众根据需求找相应组织，从而提高服务精准度。通过社工的引导与协助，居民渐渐从中学会"助人自助"。

2016 年 10 月，"凤凰爱家计划"项目变成群团培育服务，深化了项目，由之前的服务长者、妇女儿童，慢慢地把他们转变成骨干。潘绮云带领她的团队，为群团培育社工服务，培养社区骨干，培育群团组织，具体项目包括太极、舞蹈、藤编等。

在此基础上，主办凤池幸福基金创投大赛，让潘绮云记忆尤深。"参与幸福创投，共建和美凤池"于 2017 年 3 月开始，这也是全镇首个社区自行主办的群团创投大赛。大赛收效明显：共培育 6 支社区群团，开展关怀、教育、倡导等类型服务 102 节次，直接服务社区居民 2 478 人次。

凤池社区群团创投大赛对社区居民组织来说是一次挑战，也是一次主动融入社区、参与社区、奉献社区的过程，很多居民组织都乐在其中。通过创投项目比赛形式，凤池充分发掘了社区居民的兴趣技能，更为重要的是，为社区居民提供了形式多样、丰富有趣的社区服务，加强了社区的精神文明建设，渲染了文明道德气氛。

几年来耕耘社会服务，凤池也取得了沉甸甸的收获。

2014 年 8 月，凤池"和谐五十一工程"基地迎来一个新"成员"——志愿 V 站，它的成立，是南海区首个由社区自主运营的志愿服务站点。通过设置社区专门的志愿服务站点，为志愿者与社区服务搭建了有效直接的桥梁，成为两者之间的纽带和平台。

到 2015 年，凤池志愿 V 站已有 6 个特色志愿品牌项目——党员志愿便民服务、党员志愿电影播放服务、"红领巾加乘计划"、创意厨房志愿服务、学子志愿服务、巾帼志愿服务，其不断发挥基层党组织的先锋模范作用，坚持引导民众开展积极向上的文化活动。

凤池文化义工、巾帼志愿者关影红，便是在社工激励和培育下，成长起来的一名志愿骨干。作为凤池太极健身队的一员，她多年来积极推广太极运动，除了平时自己晨练时义务教大家太极拳，她和她的太极拳队，还参加了凤池幸福基金创投大赛，拿到了一个推广太极拳的项目，连续两个月在四个村小组巡回义教，帮助很多想学太极拳的人开始了太极之路。"以前自己学太极拳的时候，苦于无人教授，所以练得很辛苦，进步很慢，我希望在凤池，让学太极拳成为一件简单的事儿。"关影红说话中气十足，谁都想不到这是一位近 80 岁的老人。

■ 联结共同情感的"党建 +"

凤池社区西边经济社街坊陈七女、叶四就和周丽嫦是多年的好友。听说社区要办一场西边传统小吃节，她们马上报了名，准备秀一番厨艺。为了筹备好小吃节，她们提前两天自发组织开小会，讨论办好小吃节的各种细节。

2019 年 7 月 20 日，粽子、糯米糍、萝卜糕、马蹄糕、绿豆沙、猪脚姜等一道道诱人的西边传统小吃均出自她们的巧手，这些小吃还冒着热气的时候，就吸引了大量街坊前来抢购。"本来是想卖一部分给现场的街坊，所得的收益用于慈善，没想到这些小吃一摆出来就被抢购一空，阿姨们都忙不过来。"凤池社区工作人员曹泳仪说。

传统小吃节、文艺汇演、摊位游戏、厨艺比赛、篮球比赛、拔河比赛……从 2019 年 7 月 1 日到 7 月 26 日，围绕"美好生活·共同缔造"主题，40 场文体活动在凤池社区陆续上演。这是凤池社区举办的首届文化艺术节，共吸引了超 3 万人次参加。

作为凤池社区首届文化艺术节的统筹人，大沥镇凤池社区的非户籍干部沈燕玲在 20 多天的时间里，和拍档们不间断筹备了 40 场大大小小的活动，其中 20 场是不少于 500 人参加的大型活动。看到街坊们甚至其他社区的居民都赶来热情参与的场景，他们都从内心深处感到欣慰不已。

但当人乐在其中的同时，也不禁会问，凤池为何要耗费如此大的人力物力，举办为期近一个月的社区文化艺术节？这也许可以从闭幕晚会上的一个细节找到部分答案。

闭幕晚会上，社区为优秀学子发放了年度奖学金。学子代表曹颖雯上台分享心得的时候，首先介绍了自己的爷爷和父母，再介绍自己："因为如果直接说我的名字，可能很多人都不认识我。我们长期在外读书，跟社区街坊交流的机会不多，甚至很多人连在同一个经济社长大的同龄小伙伴都不认识，而这次活动是我们互相沟通了解的好机会。"

正如曹颖雯所说，让年轻人与同龄人、老街坊沟通了解，正是社区文化艺术节的意义所在，这也是在外居住、读书或就业的年轻人一次难得的文化寻根活动。作为大沥镇的"明星村"，凤池通过这场"一炮而红"的社区文化艺术节，成功吸引了居民走出家门参与社区生活，呼应了人们对美好生活的向往，也唤起了很多人的共同回忆，更是体现了幸福生活共同缔造的要义。在为群众提供家门口的文化盛宴的同时，也正在以一种"润物细无声"的力量，改变着一个地方的精气神，成为新时代文明实践的特色样本。

而对于凤池来说，社区文化活动不仅是教育群众的载体，也是开展社区党建的有力推手。

"我怀着那赤诚的向往，走在你身后……"第一届凤池社区文化艺术节选择在 2019 年 7 月 1 日开幕，凤池社区党员代表演唱的《把一切献给党》成为开场节目。凤池人用洪亮的歌声、华美的舞蹈，庆祝党的生日、歌颂美好生活。

"在今后每一年，我们都会在 7 月 1 日这一天，举办社区文化艺术节。"在凤池社区党委书记陈伟津看来，开展文化艺术节，是凤池社区抓好基层党建，实现乡村振新的内在要求，是新时代文明实践活动在凤池的生动实践。一个月以来，在"党建引领，全民参与"的思路下，凤池聚焦居民需求，注重平台打造，居民的热情和才艺得到充分的展示，各经济社的文化艺术气息得到充分凝聚。通过党员带头、居民参与、老中青幼齐上阵，凤池社区逐步形成"一村一品牌，一村一特色"的文化艺术格局。

如今，凤池的"党建＋"不仅体现在社区文化里，也折射在志愿服务中。12 月 5 日是"国际志愿者日"。2019 年的这天，凤池举行新时代文明实践志愿者嘉年华活动，表彰积极参与社区志愿服务的街坊。伴随着欢快的音乐，由党员、红领巾、新市民、篮球、乒乓球、太极、导赏、永春、爱心关怀 9 支不同服务主体组成的红凤志愿服务队一一亮相。

接下来，各服务队将以自身的优势和才能，开展慈善济困、抢险救灾、便民益民、文娱康乐等服务内容，让社区群众能在家门口享受贴心的志愿服务。

服务队以"红凤"为名，正映照出凤池的"红色初心"。一直以来，凤池社区积极推进新时代文明实践活动开展，秉承为民、便民服务理念，推出"志愿服务"村居计划。通过"党建引领·志愿服务"的思路，凤池成立了"志愿服务"村居工作领导小组，并多举措推动社区志愿服务发展。当中包括建设南海区首个社区自主运营的志愿服务站点"凤池志愿 V 站"，打造志愿者之家；开展南海区首个社区级志愿者群团创投大赛，培育社区志愿服务队伍、服务社区居民；推出"敢为人先　和美凤池"志愿服务积分制度以及新时代文明实践志愿服务手册，推动全民参与志愿服务。

截至 2019 年 11 月，凤池社区在册志愿者共 1 064 人，培育各类志愿服务队伍 12 支，形成了以凤池新时代文明实践站为主阵地、以社区党员志愿服务队为引领、以志愿 V 站站长团为骨干、以群团志愿服务队为主力的志愿服务体系。志愿者们为社区居民提供社区关怀、兴趣培养、家庭教育、环保倡导等各类文化和便民服务，大大提升了社区居民的幸福感。正因为成效突出，凤池获评为"2019 年广东省学雷锋志愿服务先进典型最美志愿服务社区"。

"希望推动更多人积极参与到社区的志愿服务中来。"陈伟津说，社区将通过红凤志愿服务队的带动作用，让更多社区居民践行"奉献、友爱、互助、进步"的志愿服务精神，共同打造"高质量发展，高品质生活"的美丽文明乡村示范村居。凤池期望的路径，是通过党员骨干引领团队建设，以志愿服务为载体凝聚社区群众，从而把党的政治领导和党组织的凝聚力、吸引力，转化为社区居民群众的共同情感。

结语

组织振兴是乡村振兴的"牛鼻子"。其中，党组织起核心领导作用，负责举旗帜、把方向、聚民心；经济组织是执行组织，主要任务是搞活经济，振兴产业，富裕居民；自治组织及其他社会组织，则是实现自我管理、自我教育、自我服务，以解决社会问题、服务民生福祉的组织。这些组织在凤池社区，不但都非常强大，而且有一套很好的机制，来保障各自良性发展和运作，所以才能使凤池一直勇立潮头。

党委书记率先垂范上街打扫卫生，村民好奇地问："是不是有首长要来啊？"书记笑着说："你们就是首长……"真真切切地体现了为人民服务的宗旨。此前，村里老人喜欢聚在一起打牌小赌，一些干部的亲属也参与其中，村民都想着这事儿村干部不会管。后来，有位干部多次劝说自己亲属，还主动提议制定村规民约，规定如果赌博将会被扣减分红和福利，这才真正地将小赌之风给遏制住了……

干部是否有私心，是否真正为大家考虑，组织是否真正谋实事，为群众排忧解难带头致富，群众的眼睛是雪亮的。凤池的干部，一直保持着自己的先进性，然后带头制定有利于村居发展的制度，让村民都参与到村居事务的管理和决策中来，为村居自治提供了很好的"样本"。

第六章　治理有效：中国需要"凤池模式"

> **引言**

　　凤池能够走在全国乡村振兴的前列，成为珠三角地区的"明星村"绝非偶然。改革开放以来，凤池人从"两菜一袋"起步，以"铝"兴村，以"路"兴村，其振兴之路无一不体现出凤池人创新进取、积极前行的精神。凤池善于把握发展先机，兴旺市场后扩容升级，年交易额超百亿元。除此之外，其门窗五金、全铝家具的"互联网＋专业市场＋展会"的线上线下协同发展模式，更是带动了当地经济的持续繁荣。

　　尽管它的地域面积仅有 1.45 平方千米，但给人呈现的却是一片欣欣向荣的景象，走遍它的每一条大街小巷，能够深深感受到它独特的人文环境，在这里，每一个凤池人的脸上都洋溢着幸福与自信；每一个年轻人都在为人们的共同富裕奋斗在一线；在这里，外来务工人员都是凤池社区建设的一分子……

　　深入观察凤池，或许可找到它实现乡村振兴与众不同的特色，可以称之为乡村振兴的凤池密码。

第一节　乡村振兴的内核：产业兴旺的"凤池精神"

　　国家乡村振兴战略提出了产业兴旺、生态宜居、乡风文明、治理有效、生活富裕的总要求，其中，产业兴旺作为乡村振兴战略的重要内容，直接影响着乡村经济发展、文化建设、生态文明等各个方面。在产业振兴助力乡村振兴方面，凤池无疑为全国很多乡村树立了"典范"。追溯到20世纪，全国绝大多数的农村地少人多、资源匮乏，凤池也是众多普通贫苦农村中的一个，但同为不占优势的农村，凤池为何能走出一条产业长兴、村庄持续富足的道路？其实它的秘密就藏在"凤池"人的精气神中。

■ 早期：穷则思变、敢为人先的"凤池精神"

　　从曾经一穷二白的小农村到后来远近闻名的富裕村，凤池从贫穷中胜利突围的原因，在于其不甘于现状的积极进取、吃苦耐劳、敢闯敢干的"凤池精神"。

　　与20世纪中后期大多数的农村一样，以农业为主的凤池也是处于贫穷的状态。但是，人穷志不穷，穷却从来不"认命"，穷则思变的凤池人凭着一股积极进取、勤劳勇敢的优秀品质，使得凤池慢慢从贫穷中走出来。

　　在集体清贫的时期，为能增补家用，凤池人勇抓一切机遇、利用一切资源——从在附近村的厂里剥花生、收头发，到洗麻袋、补麻袋，再到成为南海包田到户的试点村，以及后来长途跋涉地寻求西洋菜籽和不辞昼夜辛苦地发豆芽菜。即使大多数是利润少、做起来琐碎辛苦的劳作，但出于对改变当前生活的渴望，凤池人凭借勤劳的双手，在贫苦的日子里慢慢浇灌出一朵有"甜头"的花儿。在那集体清贫的时期，有恒心、肯吃苦就是过上好日子的根本保证，凤池人也是凭着那"吃得苦中苦"的精神，孕育着未来的希望。

　　在 20 世纪农村村民人人都贫苦的时期，吃苦耐劳固然重要，但仅靠在吃苦中任劳任怨的韧性似乎不能轻易从贫苦中翻身，而勇于抓住机会敢闯敢干的"闯劲儿"才是摆脱现状的重要动力，这恰恰是凤池人所具备的。如想方设法地拿下广州南方大厦的货物中转站，说办厂就办厂的凤铝创始人吴小源；雷厉风行、排除万难建坚美的曹氏两兄弟；曹应均"摸着石头"做装饰材料市场的决心和底气，等等，都是凤池敢为人先的"闯劲儿"的典型代表。事实上，不仅如此，在凤池村集体尚贫苦时期，凤池人对每一阶段门路的探索和突破，都是其敢闯敢干、勇于抓住机遇的结果，正是因为凤池人敢闯敢干、拒绝畏首畏尾，在 20 世纪 80 年代，凤池开始走向了别人不曾想过的致富道路。

▋改革开放：致富道路上的商业意识和原则坚守

　　初期"两菜一袋"的积累，使得凤池人有了进一步致富的基础，在此基础上，想要取得长久的富裕，不墨守成规、不故步自封非常重要。而凤池人在外部新环境和新机遇出现的情况下，能够走上产业振兴的道路，关键在于其敏锐的商业嗅觉和善于捕捉商业机会的决断力，在这个进程中还树立了铁打的商业品质。

两大铝材龙头的出现就是凤池人产业致富的典例。正是因为吴小源通过多地考察从而对铝材市场的正确研判，以及曹氏两兄弟对市场审时度势的快速抉择能力，才有了如今在铝材界处于引领地位的凤铝和坚美。此外，凤铝、坚美龙头企业的虹吸效应使众多商户聚集凤池，而凤池人又敏锐地找到了出租店铺的商机，由此赚得一笔"俏收入"。其实，早期凤池人在开办麻袋厂、种植西洋菜、发豆芽菜以及向木材加工行业等领域的开拓和进取中，就已经显示出凤池人对市场的敏锐嗅觉，也正是凤池人拥有的远见卓识和洞察力，影响和改变着一代又一代的凤池人，使之能够长期立于时代的潮头。

市场的发展总是充满着复杂又众多的诱惑，但在行业市场鱼龙混杂、多数人追逐利益的环境下，凤池人保持了清醒和理智，洁身自好专注于自身质量与品牌的打造，正如凤铝人常说的一句话"质量是企业的命根子"，对质量的坚守已经成为凤铝发展的理念并融入凤铝人的血液中。同样，也是因为对市场原则的坚守，坚美凭借其"要么就不做，要做就做到最好"的企业经营信念，在质量、创新和品牌上不断超越，最终屹立于行业的质量之首。

新时期：产业兴旺中的再创新发展

凤池在专业市场上经久不衰，无疑是源于其源源不断的创新。这不仅体现在产品的创新上，还体现在管理理念、商业模式的升级上。

20世纪90年代后期，村级集体经济组织在广佛路边开发装饰材料市场，吸引了全国各地的商人，来这里经营包括铝材、门窗、五金配件等建材产品。

专业市场内的商户和企业，从为铝型材厂配套的小五金批发开始，到配齐门窗五金的全产业链产品，从简单的销售成品到"前店后厂"自己生产，甚至建立起自己的品牌，从而衍生了一个门窗五金产业集群。凤池装饰材料市场，在为凤池带来经济收益的同时，也成就了一个产业发展的神话，正是因为不断创新升级、与时俱进，这个门窗五金产业集群，在大沥铝材走向"中国铝材第一镇"的过程中，才能一直紧随其行，到后来衍生出全铝家居这个全新的行业，已然成为时代的引领者。

除了这些商户企业是市场舞台上的主角外，凤池经联社也是装饰材料市场的另一个主角。作为专业市场的管理者与决策者，有人说，村集体的产权性质，决定了其不同程度地存在着管理粗放和经营方式落后的问题，具体表现在规模小、硬件设施简陋、仓储配套不足、物流服务跟不上、市场管理水平较低、缺乏市场宣传和品牌推广等。

在凤池，这些问题虽然也存在，但因为始终将这个市场视为村里的经济命脉，所以经联社里的成员一直都对其倾注大量的心血，不论是去其他地方学习，还是关注各行业发展资讯，都始终保持着学习和自我升级的状态。在管理模式上，他们不断创新，比如在凤池装饰材料市场二期开发时，他们就大胆地引入BOT模式，一时间也成为媒体争相报道的典范。

值得一提的是，凤池做专业市场，从来不是关起门来做市场，而是打开门来做市场，从而能够一直保持与时俱进。例如，临近广州的凤池人从广交会中受到启发，不满足于仅做专业市场，而是对接广交会向"现代展贸产业"迈进，在将广交会的客商拉过来的同时进而辐射了全国。其灵活创新的办展方式，使得凤池的装饰材料市场进一步壮大，为凤池带来了全新的历史机遇。

互联网时代的到来，各领域都开始插上"互联网＋"的翅膀，凤池装饰材料市场也抓住了这个契机，创造性地提出"互联网＋专业市场＋展会"的模式：成立专业团队打造O2O的线上线下交易平台，打造凤池全铝家居交易中心等，以求实现传统产业向现代新型展贸方向的转型，而后直播平台的融入，"直播销售"模式的引入，也为凤池带来了前所未有的活力。

不拘泥于现状，敢于在实践中创新，从来都与时代高度同频，这些都是凤池产业振兴过程中所坚持的法则，也是一个地区产业良好发展应有的创新和做法，也正是这些做法成就了乡村振兴的"凤池模式"。

▍"三化"机制：集约化发展、公司化运作与透明化决策

如果说凤池的产业振兴是因为凤池人拥有勤劳勇敢、善抓机遇以及创新进取的"凤池精神"的话，那凤池精神的存在必然承载于凤池自身的运作当中。从更深层面来讲，集约化的发展，公司化的运作，透明化的决策机制，则成为凤池产业振兴的内核性因素。

1. 土地、产业和资本的集约化是孕育"金鸡凤池"的摇篮

关于土地的使用，20世纪80年代后期，凤池成为以土地适度规模化

经营为主要改革方向的农村改革试验区，集体土地开始走上规模化和集约化的发展道路。也正是因为如此，凤池发展出"以地引资，以租抵建"的模式，提升了集体土地的开发档次和使用价值。

产业上，从20世纪中期的集体企业红砖厂，到凤池大片地种植西洋菜，再到80年代因土地的集约化而出现的大规模工业产业，直至后来，聚集在凤池装饰材料市场的商家，以及成立的铝门窗协会、全铝家居协会等行业组织，代表着凤池产业集聚的逐渐形成。集约化的发展使得凤池在行业市场上的活力不断增强，铝材产业的链条化与配套化使得凤池的支柱产业实现了生产要素的充分利用。

资本上，凤池以坚美、凤铝两大铝材行业龙头为基础，吸引众多同类型的铝材和相关生产经营单位集聚凤池，在极大程度上提高了铝材的生产效能，同时加速了资本市场的周转，从而不断提高铝材产品的生产力和流通效率，为凤池和在这片土地上经营的人积累了财富。

2. 公司化运作的理念是凤池经济持续发展的推动力

凤池材料装饰市场的一体化运营，是在凤池经联社主导下，统一运营、统一管理的成果。由曾经粗放和野蛮生长的"马路经济"，走向专业化、规范化、会展化的现代商贸模式，凤池的专业市场振兴得益于企业化的管理方式。在经联社下成立专门的专业市场公司对其进行管理，在市场的管理上组建专业的保安队伍、安装视频监控系统、重新分区统筹地域以及对市场进行 VI 系统设计等等，诸多对市场的规范化与精细化管理的措施，都是企业化运作的体现，该理念也使得凤池的经济发展得以持续和高效。

3. 凤池振兴的每一步与公开透明的决策机制息息相关

20 世纪末，凤池的集体经济蓬勃发展，但是对于日益膨胀的集体经济如何有效监督，成为凤池人人都关心的问题。于是，财务公开和民主理财的制度一坚持便是多年。为保障集体账单的开支合理，凤池成立村中理财小组，具体由凤池经联社股东代表选出来的监事会成员，代表村民对集体的账目进行监督和审核，审核通过后附属审核人签名，并向全体村民公示。公开透明的决策机制成为凤池村民的"安心丸"，也是这颗"安心丸"保障了集体的利益，使得凤池集体经济和相关产业能持续发展，村民获得的收益也连年攀升。

第二节　乡村振兴的方向：城乡融合的"珠三角样本"

"十三五"规划建议明确提出"城乡协调发展"的目标和任务，在国务院发展研究中心学术委员会副秘书长刘守英看来，城乡协调发展的核心是城乡走向融合。在发展乡村振兴战略过程中，作为经济重镇，大沥在实施乡村振兴战略的过程中一直在思考，怎样才能加快城市化进程，彻底改变半城半乡面貌的发展目标，让城乡得到融合发展？凤池社区走出了一条"好路子"：通过走城乡融合发展道路，致力于缩小城乡发展差距，促进新时代城乡融合发展。

乡村振兴，产业先行

产业振兴是乡村振兴的基础和关键。要实现城乡融合发展，就必须彻底打破过去传统的城乡二元结构，真正实现城市与乡村的一体化发展，加强二者的经济文化交流。

但凤池社区并不是传统意义上的农村社区，因此，凤池社区进行产业振兴需要更深入更全面地将自身产业推动到更大的平台上，使社区资源得到更充分的开发利用，从而给社区居民带来更可观的收入，进一步提高生活水平。

在紧跟时代发展步伐的同时，凤池社区始终坚持结合自身情况，审时度势地做出产业振兴相关决定。比如充分利用当地铝材资源丰富的条件，凭借着敢为人先、勇于创新、果敢力行的精神，创建了坚美和凤铝两家全国铝材名企等。

之后，凤池社区通过"以地引资、以租抵建"的策略，改变了以往周期长、效益低的单纯土地出租模式，确保了集体物业的升值和集体经济的可持续发展，在原先木材加工市场上打造出装饰材料市场，实现了双赢。凤池装饰材料市场成功建成并投入运营，使得过去档次低、收益少、污染大的小作坊聚集地被基础设施完善、环境优美的新市场取代，这也是凤池社区产业振兴模式值得借鉴的地方。

在高速运作的基础上，凤池装饰材料市场推出了会展服务，会展的成功举办为各企业打开了对接中外客户的窗口，也有利于凤池装饰材料市场的进一步壮大。

互联网时代到来之后，凤池社区充分运用现代科技和新媒体平台对凤池装饰材料市场进行更直接全面的推广和宣传，并且与阿里巴巴联合建立"互联网＋"交易模式，着力打造一站式电子商务服务，把互联网带来的益处融入传统的铝材产业中，实现了跨界创新。

可以看出，在城乡融合发展的背景下，在乡村实现产业振兴并不只是简单复制模仿城市的经济发展模式，而是要因地制宜，根据自身所具有的特点和拥有的资源制定相应的发展战略，必须充分释放乡村发展活力和创造力，让乡村找到一条适合其发展的具有自身特色的道路。

凤池社区在实施产业振兴的过程中始终坚持走城乡融合道路并且顺应时代发展趋势，在充分了解凤池社区自身情况的基础上，努力借鉴城市社会经济发展模式，大胆吸收对凤池发展有益的各种新事物，推动第一、二、三产业协调融合发展，促进城乡之间土地、资本、劳动力等生产要素的互补融通，极大提高了当地居民的生活水平，推动当地社会经济健康快速发展。

▌选贤用能，人才强村

实施乡村振兴战略、推动城乡融合，人才是关键，唯有坚持人才振兴，为乡村振兴输送新鲜血液，才能为乡村振兴带来源源不断的活力和创造力。纵观凤池社区发展历史，可以感受到"头雁效应"在其中发挥的建设性作用以及乡贤与企业家群体的带动作用，凤池社区在各类人才的带领下，脚踏实地、敢想敢干，走上了致富之路。

为了保证社区人才供给不断层，凤池社区重视新鲜血液的注入，注重培养后备干部，推行社长助理模式进行以老带新，为更多有能力的年轻人提供发挥自己本领的平台。同时营造良好的竞争环境，保证信息公开、应聘与晋升机会平等，使各地人才能够放心来凤池工作，使村民能够信任社区工作。

栽好梧桐树，引得凤来栖。对凤池社区而言，产业振兴是前提，是基础。为了实施乡村振兴战略，进一步推动城乡融合发展，凤池社区借助当地发达的产业经济让人才看到凤池社区强大的发展潜力，畅通人才流入社区与晋升的渠道，建立健全更多引进、留住人才的相关政策，营造人才公平竞争的环境，采取切实有效的措施激励各类人才主动去建设社区。只有看到社区发展的光明前景和完善的配套制度，各类人才才能主动涌进凤池社区，并留下来为凤池的进一步发展贡献自己的力量。

对上重视干部培养，对下重视基础教育。凤池社区始终注重人才培养，着力完善当地教育设施，为凤池社区儿童打造良好的教学环境。现今建立了省级学校大沥实验小学和省级幼儿园大沥实验小学附属幼儿园，学校内各种功能教室配备充足，教师队伍强大，资源配置齐全，为孩子们的发展提供了优良的学习条件，保证素质培养从小抓起。

在实施乡村振兴战略过程中，凤池社区坚持人才振兴，创新推出社长助理制，畅通人才晋升渠道，并制定各类有利于人才涌入的政策，吸引各类人才主动投身于乡村振兴的伟大工程，为社会主义新农村的进一步发展贡献力量。

文化传承，引领自信

实现乡村振兴，经济是基础，文化是灵魂。随着经济的高速发展，乡村人民生活水平不断提高，收入不断增加，然而乡村社会传统的文化价值也受到了极大的冲击与消解。走城乡融合发展之路，有利于突破以往"三农"工作仅着眼于经济增长的狭隘格局，重新发掘和发扬宝贵的中国乡土精神价值，推动村民价值观念与思想品德的重塑，以及乡村的和谐健康发展。

实现城乡融合发展必须要立足自身传统文化和如今乡村发展的新要求，在众多选择中探索出一条具有凤池社区自身特色的发展路径，为乡村更平等、更便利地吸收学习城市知识、文化和技术等提供平台。

在凤池社区，不少文物古建筑以及许多独具岭南风味的特色建筑得以完整保留，包括曹氏大宗祠、聚仓曹公祠、天爵曹公祠、东山曹公祠等。凤池社区意识到传统文化的传承是一个地区必须坚持的使命，因此对社区里部分古建筑进行保护和翻新，让当地村民以及外来参观的游客能够对凤池社区的历史文化有更加详细的了解。

为了丰富辖区居民的文化生活，凤池社区建立了以妇女之家为阵地，促进妇女就业，进行儿童托管与品格培育，引领社会青年投入社会服务的"和谐五十一工程"基地。该基地积极开展各项服务活动，增强了自身的服务能力，促进了凤池居民的联系，有利于推动广大居民共同参与凤池社区建设和发展，营造出共促和谐的良好局面。

为了让居民多读书、读好书，凤池社区大力升级改造了村民家门口的图书馆——图书驿站，正在建设中的为了让更多人了解凤池社区发展历程的村史馆，刻有中国古代二十四孝故事的文化长廊以及随处可见的平仄和谐、寓意深远的对联等，都为凤池社区营造了浓厚的文化氛围。

凤池社区意识到弘扬当地传统文化对构建良好精神世界的重要性，采取的一系列举措都反映出凤池社区对当地文化资源的整合，有利于更好地保护并传承凤池社区独特的历史文化，破解了过去只一味重视发展经济而忽略宣扬中华民族优秀历史文化的困境，极大地调动了当地村民了解和宣传社区文化、参与社区文化建设的积极性。

凤池社区坚持通过走城乡融合发展道路来推动城乡文化的深层次融合，使村民意识到优良传统文化的魅力所在和对丰富他们精神文化世界的重要性，并凭借社区在文化振兴过程中形成的文明乡风和淳朴民风，促进社会矛盾的预防和化解，提高村民的文化自信，增强村民的文化底蕴，推动乡村文化进一步繁荣发展，为凤池社区打造良好的文化氛围。

绿色生态，健康发展

实施乡村振兴战略是一个宏大的系统工程，其中生态振兴是乡村振兴的关键一环和重要内容。良好的生态环境是乡村的最大优势和宝贵财富，必须时刻牢记习近平主席说的"绿水青山就是金山银山"的理念，加快推进乡村自然资本快速增值，实现百姓富、生态美的统一。

凤池社区以生态文明建设为指导，着力打造环境优美、生态良好的新乡村。20 世纪 90 年代开始，凤池社区就规划了凤池新村，巷宽 10 米，路宽 16 米，污水管网等都已经铺上，为如今凤池社区整齐有序、简单干净的街面打下了基础。

为了打造一个生态宜居的社会主义新乡村，改善当地村民的生活环境，促进人与自然的和谐相处，凤池社区坚持城乡融合发展道路，借鉴城市生态发展模式，努力为当地村民建立良好的居住环境。包括着力打造凤东、凤西两个公园，既为当地村民提供了环境优美的休闲场所，也为进一步塑造凤池社区的良好村容村貌提供了硬性条件。

值得一提的是，凤池社区不像过去传统乡村一样存在厕所脏臭等问题，而是大胆向城市看齐，修建了五星级公厕，让人赞叹不已。除此之外，凤池社区还在大街小巷都种满了树木和鲜花，提高了社区绿色覆盖率，美化了社区的生态环境，给当地村民营造了良好的生活环境，使村民们出门就能闻到花香、看到美景。春天到来之际，满树的木棉花和黄花风铃木，刷爆了大沥人的朋友圈，从"花满沥城"开始，凤池的生态建设由点到面走向家家户户。

凤池社区意识到要实现生态振兴，就必须打造一个绿色的居住环境，要努力营建生态优良、景观优美的乡村风景，为乡村建设增加各种各具特色的植物景观，大范围扩大乡村绿色生态空间。聚焦细节，认真处理角落问题，进而全面提升凤池社区环境水平。最后，还要做好一系列保护工作，全面打造凤池社区的良好生态环境。

打造新型城乡融合发展模式，必须时刻牢记城市与乡村协调发展的理念，要坚持把城市和乡村看成是一个整体，注重各方面、各部分的整合，要用系统的观点看待问题，坚持用协调统筹的方法推动城乡各要素之间的互动，打造健康持续的发展关系，解决过去因城乡发展脱节出现的各种疑难杂症，坚持"工商结合　城乡融合"的基本原则。

凤池社区始终坚持走城乡融合发展的道路，坚持习近平新时代中国特色社会主义思想，在党的领导下积极开展乡村振兴，凭借着敢为人先的创新精神和不怕失败、勇于挑战的拼搏精神，从产业、人才、文化、生态等方面不断完善。

在产业上，凤池始终紧跟时代发展步伐，凭借着敢想敢做、吃苦耐劳的精神，在立足自身所拥有的资源的基础上，抓住机遇，带领全社区村民在时代激流中开创出一片属于自己的广阔天地。在人才方面，凤池社区始终致力于打造公平透明的工作环境吸引和留住人才，采取各种激励措施给予人才应有的回报，注重新鲜血液的培养，保证凤池社区人才不断层。在文化方面，凤池社区在意识到乡村传统文化所具有的重大意义之后，致力于打造专属凤池人的社区文化节、文化志愿服务、"党员服务＋幸福分队"等项目，进一步发扬当地优良文化传统，激励村民自觉主动参与其中，塑造了修身律己、崇德向善、礼让醇美的人文新风尚。在生态方面，凤池社区大胆向城市模式看齐，大范围提高社区绿色植被覆盖率，修建五星级公厕，以生态修复提升为抓手，打造风景优美、清新雅静的社区公园。

凤池社区在实现城乡融合发展的道路上鼓励当地全体村民积极参与，让每一个人都成为改革大部队中的一员，从而形成新时期独具地方特色的凤池模式。凤池社区的发展历史与过去传统意义上的农村大不相同，这并不是一朝一夕能形成的，而是得益于凤池社区全体居民的努力，是他们始终坚持走中国特色社会主义道路，是他们能够审时度势抓住时机做出决策，也是他们将乡村振兴战略真正贯彻落实，并且牢记党中央关于在城乡融合道路上大力发展的决策。因此，凤池经验是值得借鉴和推广的，珠三角其他地区应该在充分认识自身情况的基础上，有选择地借鉴凤池模式，彻底打破城乡二元结构，推动城乡融合发展。

治理有效：基层善治道路上的"凤池探索"

乡村振兴，治理有效是基础。改革开放的浪潮中，涌现了多个闻名全国的"明星村"。通过探寻它们的成长历程，或许会找到难以寻觅的治理"良药"。

佛山市南海区凤池社区就是这么一个"明星村"。这些年来，它试图破解乡村振兴过程中如何实现有效治理的问题，探寻一条符合本土特色的乡村治理之道。

■ 深化政经分离——摆脱原有管理体制的束缚

20世纪90年代，南海率先在全国开启农村土地股份合作制改革，由此带来了财富和繁荣。但随着时代巨轮的前进，村（居）自治组织和集体经济组织"政经不分"的混合管理体制，始终束缚着集体经济和公共事务平稳发展，已不适应"利益主体多元化、利益诉求复杂化、利益冲突显性化"的新形势。

为此，南海在2011年1月重启新一轮农村改革探索，以"政经分离"为重点，统筹推动农村集体资产产权制度、集体土地管理制度、集体资产监管制度、村居社会管理体制、公共产品供给体制五个方面的改革，取得了显著成效。

厘清职责，书记、主任、社长各归其位。按照南海"政经分离"制度设计，作为农村自治组织的村（居）委会与村集体经济组织的经联社分离运作，村（居）委会主任不得兼任经联社社长。"村长管自治、社长抓经济"的分权治理格局，在凤池就此形成。

如今，在凤池社区，凡有关土地、物业出租等方面的事项，先要经过党总支部审核，再通过集体资产交易平台公开上网招标，交易信息"明明白白"。而相关集体财务收支，亦需全部在集体经济财务监管平台上操作，镇和村对财务监管平台 24 小时监管。公开、透明的操作，让村民放心和明白村干部的"清白"。

凤池党委很重视班子的互相监督，时刻要求把权力放在阳光下运行。凤池的任何一项开支都要相互监督，任何一张单据都需要经手人、证明人以及书记签字通过才可以入账，大笔的支出还需要社区"两委"干部会议通过才可以支出。

现在，经济社与经联社的账目由镇里监管，聘用第三方的会计公司进行管账，监事会负责审核每个月的账单，社区与经济社把所有的单据交给第三方会计公司，由他们按照规定的程序进行做账。每月在社区与经济社公开有关账目。至此，财经管理的制度化建设走上了一条更加规范、更加透明的大道。

▍"红色引擎"的巨大推动力

凤池社区经济与社会发展日新月异，其大步前进的主要原因之一就在于党员干部不断提升管理能力，使党建与社会建设永远走在时代的前列。凤池社区大力发展社区工作，党组织带头人不断提高自身的办事能力，争取为村民做更多的实事，满足村民日益多元化的需求，把实现村民对美好生活的向往作为组织的追求目标。

为了杜绝"旅游党员""吃饭党员"，让党员意识到应该为民服务而不是享受福利，同时为响应中央八项规定精神，凤池在社区推行了去慵懒制度，要求社区工作人员打卡上下班，防止工作人员偷懒。

而实际上，凤池没有也不敢有懒人。因为社区领导班子提出了"7 + 12 + 24"工作守则。"7"即5个工作日无法完成的工作就要用2天休息时间做完；"12"即8个工作小时未能完成的任务就要额外花4个小时来完成；"24"即24个小时都要时刻准备上岗，确保电话保持开机状态。

看起来似乎有点"不近人情"，但凤池的党员干部是这么说的，也是这么做的。他们每天早早地到社区上班，法定节假日也会抽时间回社区办公室处理社区工作。社区无小事，群众无小事，只要社区、群众需要，无论是上班还是下班时间，社区工作人员都是有求必应。

凤池社区领导班子总以"领导干部要真材实料，不仅能干事，还能干成事"激励自己，时刻以自己的言行为社区树立标杆。

2009年，凤池创建卫生村行动，由于美化村容村貌需要清拆占道搭建的烟囱、石凳，时任凤池社区书记曹应均的旧房子的部分建筑物属于清拆范围，他积极支持凤池社区清拆行动，主动把自己房子的占道建筑物拆除，为群众做出榜样。

▍每个居民，都是手握"51%"的"大股东"

经历了早期城市化的凤池，早已不同于过去村的概念。虽然是农民身份，但是早已不耕田的凤池本地居民，实际上也过上了城市人的生活。在这个过程中，人与人之间的关系容易变得陌生起来，而且除了关系到切身利益的分红和福利外，不少居民曾对社区的其他事务并不关心。

过去农村是一个熟人社会，而随着城市化进程的加快，村里人之间的关系越来越陌生，长久下去必然会产生各种隐患。如何调动居民参与社区事务的积极性，实现社区治理的共建共享，凤池领导班子通过深入调研和详细分析，得出一个重要结论：村里的青壮年都在忙碌事业甚至在外打拼，留守在家的老人、妇女、儿童，则占了社区51%以上的比例，而社区的各类事务也多是他们参加，团结和服务好了这些人，再由他们影响到家中其他人，整个社区也就和谐了。

"和谐五十一工程"基地便应运而生。其服务对象，不仅面向户籍人口，同时面向符合条件的新市民及其子女，如应新市民的需求，开展了一系列的新市民粤语教学课堂、粤式点心课堂、新市民舞蹈班等活动。这个"和谐五十一工程"，架起了新旧凤池人的连心桥，也成了打破人员户籍界限、推进服务均等化的重要探索。

"五十一"具有多个内涵，第一，社区的干部和工作人员要把社员看成是持有51%股份的大股东，认真为社员服务；第二，服务要占工作精力的51%，剩下49%的精力才用于发展经济；第三，通过51%的工程发现问题，不治已病治未病。"和谐五十一工程"背后体现的，更多是社区治理理念的转变。

有的放矢：共建共治共享模式的探索——凤池慈善会

党的十九大报告提出，"打造共建共治共享的社会治理格局。加强社区治理体系建设，推动社会治理重心向基层下移，发挥社会组织作用，实现政府治理和社会调节、居民自治良性互动"。这既为社会治理提供了基本遵循的道路，又为社区治理指明了前进方向。

在笔者看来，社区治理很重要的一点，就是让各个群体都能找到参与进来的"接口"，利益诉求得到回应，从而最大限度地整合资源、凝聚发展共识。

根据近期统计数据，凤池户籍人口 3 000 名，外来人口却已 6 000 多，倒挂现象颇为突出，这么巨量的外来人口，在凤池谋生，理当是新凤池人。如何把他们系统地纳入公共服务体系当中去，又兼顾社员股东的利益，冲破社区公共服务固有的封闭性、排外性，让外来人口与本地人口和谐相处，成了横亘在凤池前行道路上的一大难题。

怎样破解这个难题？凤池慈善会是其中的探索之一。成立于 2010 年的凤池慈善会是南海首个村级慈善组织。该慈善会得到热心企业家、社会各界人士、广大村民的大力支持，秉承慈善为怀、扶贫济困的宗旨，八年来，共资助凤池户籍人员、辖区企业困难员工 142 人次（其中外来务工人员 24 人次），总资助金额为 46 万元。

并且，其成立当年就举行了"慈善千人行"筹款活动，通过发动辖区居民、企业和工人参加，队伍围绕凤池社区走一圈，发动捐款并宣传慈善理念。这是凤池社区每两年就要举行一次的盛会，力求"人人参与慈善，人人从慈善受益"。

从那以后，凤池慈善会依托"官、商、民"三股力量，筹款渠道涵盖了户籍人口及外来人口，越来越多外来企业家、外来工参与其中。这样的方式，打破了原来社区服务用社区收入支出的局面，将外来人口纳入社区公共服务体系也就少了许多阻力。

凤池慈善会的成立，平衡了社员股东和外来人口的利益，在一起参与捐赠活动和享受慈善服务的过程中，社区公共服务均等化也在不断推进。而募捐活动的开展也为本地人和外来工提供了交流空间，可以说，凤池慈善会是一个让户籍人口和外来人口共同参与社区治理的大平台，同时也是打造共建共治共享社会治理格局的有效探索。

■ 简单有效：村规民约为基层治理注入新动力

一个方子不可能治百病，就算是一样的病，不同的体质也要适当调整方子。所以，没有任何一种模式能够满足所有农村的治理需求，既要考虑农村的问题所在，也要考虑治理基础和治理能力。

《村规民约》的制定和落实，是实现村民"自我管理、自我服务、自我监督、自我约束"，提升基层社会治理水平的重要手段。为进一步提升村居的治理水平，营造良好风气，凤池社区党委与下辖各经济社委员根据实际情况，研讨、拟定凤池社区《村规民约》范本，并通过各经济社股东大会投票表决通过《村规民约》的制定。

凤池各经济社的《村规民约》确立了合理合法的村民日常行为规范，从而增强村民法治意识，推动乡村社会形成办事依法、遇事找法、解决问题用法、化解矛盾靠法的良好法治环境。如修订后的凤西经济社《村规民约》包括多方面内容，要求全体居民共同遵守，例如车辆严禁乱停乱放，落实门前"三包"工作，倡导勤俭持家、反对铺张浪费等。《村规民约》还规定，对不履行《村规民约》的股民，如屡教不改，并造成集体经济损失，经济社有权停止全户股份分红。不少居民认为新修订的《村规民约》比较科学合理。

实际上，凤池制定《村规民约》实行"村民自治"的关键在于事前立规矩，组织村民商定具体条目；事中讲引导，引导村民在《村规民约》的条款框架下向善向好；事后讲规矩，通过对行为不端且屡教不改的村民，在股份分红或社区福利等方面设限，倒逼村民正确行事。

凤池的《村规民约》引导着居民树立正确的价值观，使他们内心有尺度、行为有准则，有助于纠正现有的不良风气，引导社区居民树立文明新风尚，共同培育文明乡风。

另外，凤池社区开展的"最美家庭""最美家风家训""道德人物""最美庭院"评选活动，也为社区居民树典型、标榜样，引导社区居民接受道德教育，自觉形成修身律己、崇德向善、礼让宽容的道德风尚，从而不断提高社区文明程度，助力社区基层治理健康发展。

▌各有所得：健全的"幸福体系"

凤池的经济实力是毋庸置疑的。2017 年，凤池社区两级纯收入约 1.37 亿元，股民年人均两级集体股份分红 25 108 元。

如此的经济实力，凤池"花钱"也非常"大方"。但花钱不为别的，只为居民能够老有所养、病有所医、幼有所教等，搭建一个各有所得的"幸福体系"。凤池非常重视社会民生建设，秉承把老人群体照顾好、妇女群体服务好、青年群体引领好、少年群体培养好的宗旨，提升居民生活幸福指数。

凤池社区很多老人除了股份分红外，每人每月根据年龄还可领取福利金和生果金，这不仅让老人不需要为生活发愁，还可以为年青一代减轻负担，减少后顾之忧。而凤池社区符合资格的社员，看病就医可获得医疗报销。在社保报销之外，凭着住院资料还能回到社区享受二次报销，最高可以享受社保报销金额的 70% 左右。近三年来，凤池共投入二次医疗报销费用 742 万元，报销 2 202 人次。

在凤池社区里，不仅是户籍居民，弱势群体也能有所助。凤池慈善会为困难家庭及外来工提供亟须的帮助，一年来为救助困难家庭共花费 9 万余元。

社区治理有效的成果，包括经济上的和精神上的，最终都毫无保留地回馈群众，而获得感满满的群众，也就更愿意参与构建共建共治共享格局，从而形成良性循环，真正地实现"治理有效"。

后　记

　　本书成稿之际，正值南中国炎热的暑期，作为佛山市南海区乡村振兴的典范，凤池也吸引着一批批的人来参观学习。

　　为了让社区居民都真切地触摸到社区的发展变化，凤池还首开先例，举行了为期一个月的社区文化节，40 来场大大小小的活动吸引了超 5 万人次参加，无论是参加者还是组织者，虽然出了很多汗，脸也晒黑了，但脸上的笑容显现出真切的幸福。

　　身处其中，我们也深深地被这种幸福感染着。这一年多的时间里，我们无数次走在凤池社区的街巷里，感受着其生态秀美的社区环境，以及当地人和、景美、富足的生活状态。我们拜访了凤池的多届社区干部，走访了凤池上百位不同年龄的人，查阅了大量的史料和媒体资料，希望用我们的笔揭示凤池实现振兴的秘诀。

　　在成稿的过程中，凤池乡村振兴的关键点与发展逻辑跃然而出。从广泛意义上来说，乡村振兴的关键是激活各类要素，包括经营主体、土地、劳动力、技术、政府、制度，而凤池就恰恰通过各类综合改革，释放了各种生产要素的活力，从而产生了更高的经济效益。

　　第一是激活经营主体。凤池首先发展的是农业，其经营主体是农民，致富的秘诀在于勤劳，这一阶段小农经济的弊端依然存在。后来进入工业发展阶段，凤池制定了灵活的政策，激活本地、外地"能人"创业，从而带动了产业的发展，在这个氛围的催化下，村内外各类经营主体不断活跃起来，诞育了名扬全国的工业品牌，而后又形成年成交额上百亿元的专业市场，成为村居发展的支柱产业，可持续地增加农民收入。可以说，产业发展为凤池的乡村振兴提供了必要的物质基础。

第二是盘活土地。凤池较早进行土地制度改革，通过农村集体土地股份制，实现了集约化土地经营和产业发展，并且其灵活的合作模式，也最大化地盘活了土地，吸引了资本的注入，为形成长久的可持续发展的产业，提供了最为便利的条件。

第三是激活人力资本。人才是最重要的资源，凤池对教育的超前规划，对村民素质提升所进行的谋划，对村"两委"干部的培养，对经营管理人才的重视，对外来人才的尊重，为人才成长提供了很好的土壤，促进了本土人才的发展，并构建了一支新时代的知识型、开拓型、技能型社区治理队伍，也对社区发展打下了较好的人力资本基础。

第四是管理创新与技术更新。农业生产施行集约与灵活相结合的方式，对工业进行技术改造与创新，商贸业发展则不断借助外力，并与时俱进推行管理与发展模式的创新，使得它在每一个阶段都取得不错的发展。

第五是经济与生态齐发展。在经济发展的同时，凤池始终没有忘记，发展是为了更好的民生，因此不遗余力地改善居民的福利和环境，让居民感受到发展成果的同时，也促进凤池经济社会全面协调和可持续发展。

对于凤池而言，振兴产业是物质基础，抓住人才是核心关键，发展生态是内在要求，加强组织建设是外在保障，其实现乡村振兴的路径和经验值得提炼和分享。作为一个与凤池相识多年的媒体人，我们一直关注着凤池的发展与变化，也希望能将凤池的故事讲给更多人听。

编写这本书，全面、准确地记录凤池社区在乡村振兴方面所做的探索，同时借此系统梳理南海乡村振兴的经验成果，为其他地方乡村振兴提供一定的经验，是我们义不容辞的职责。

在南海区委宣传部领导的关照下，在大沥镇政府的大力支持下，在凤池社区历任村委干部、村民的帮助下，在暨南大学公共管理学院的理论支持下，我们完成了本书的编写工作。

就本书而言，我们的基本思路是，定位于"具有纪念意义的纪实性文献，记录当下，启迪未来"。在本书的编写过程中，区委宣传部有关领导、大沥镇乡村振兴办相关负责人以及大沥的部分本土作家等，都给予了有力的指导和帮助，暨南大学公共管理学院副院长李伟权欣然为本书作序，在此一并致以诚挚的谢意！同时，也衷心感谢参与本书采编制作各个环节的每一个人！

由于时间紧、工作量大，可能有不少生动的现场、重要的实践未能得以充分体现，我们感到非常遗憾；同时，由于我们水平有限，书中的不足和差错尚有不少，恳请读者给予批评指正。

一切过往皆为序章，我们祝愿凤池的明天，可以续写出更华美的篇章。

编　者
2019 年 8 月